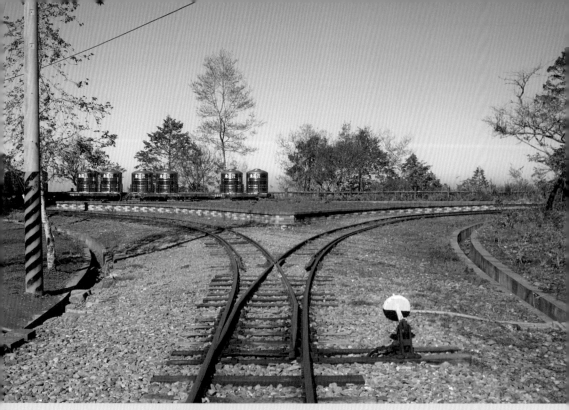

台灣地圖030

台灣舊鐵道散步地圖

古庭維 、鄧志忠　著

晨星出版

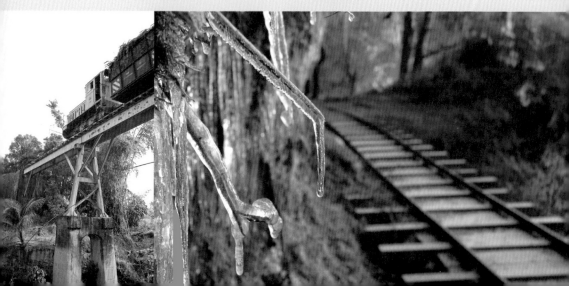

在我的老家劍潭，1915年間淡水線鐵路在此增設一站，名為「宮ノ下」。這是配合圓山上的台灣神社落成而修建。二次戰後，隨著台灣神社被拆除，宮ノ下站也因而廢置。鐵道及車站的興廢榮枯，經常反應了社會政治及經濟文化的時空變遷。

　　這本有關台灣鐵道的書，以圖文並茂的內容搭配大量的百年老地圖（台灣地形圖），具體而生動地述說台灣各地鐵道興衰與地方發展的故事，既是認識台灣地理歷史的佳作，也是規劃深度旅遊路線的重要參考。對於兩位年輕作者努力的成果，我深表讚賞與支持。

賴進貴（國立台灣大學地理環境資源學系系主任）

台灣環島鐵路，耗費超過一百年時間才得以完成。而因應各種需求，也伴隨出現風情萬種的支線與極具特色的產業鐵路。本書的二位作者，能以身體力行的方式，從文獻、古地圖的蒐羅，到親赴各地的探查，復在以豐富的文物或老照片，呈現了本書猶如台灣近代史縮影、且讓人悠然神往的壯麗格局。推薦您閱讀本書，領略鐵路之美及其文化價值。更推薦您實地搭乘火車，與此書一同進行豐富的鐵道文化與歷史巡禮。

范植谷（交通部台灣鐵路管理局局長）

鐵道的樂趣有諸多類型，其中廢線遺跡巡禮算是一種有別一般的類型。鐵道是運送物資、載送人的交通機關，然而廢線遺跡的探訪家卻不停地尋訪已無列車行駛的鐵道路線、車站、其他設施。

　　雖然廢線最終得淪為被雜草埋沒、從人們記憶中逐漸消失的命運，然而在被遺棄、遺忘的同時，鐵道設施也開始露出令人驚艷的「表情」。本書的兩位筆者走遍全台各地、一而再三地悉心調查，全是為了一窺廢線之美。

　　淪為遺跡的鐵道設施，當然無法言語，但卻同時靜靜地發出強烈的訊息，期盼各位讀者能從本書感受體會。深切期盼本書能跨越鐵道的範圍，進一步讓社會大眾關懷台灣文化、土地歷史，這是筆者最大的期望。

片倉佳史（知名日籍作家，著有《台灣風景印》等書）

近年來，台灣的休閒與旅遊文化已走入更具深度且多元的層級。從前較少人關心賞玩的各種廢棄軌道與鐵道遺跡，其實是讓我們深層理解這片土地歷史脈絡與地理特性的最佳切入點。這本書首度詳細整理全國各式各樣鐵道舊線的點滴大小事，正好拼湊出百年來台灣複雜又紛擾的歷史軌跡，嚴謹考證且詳細解說的文章，配合豐

富精采的圖片，帶我們進入了一道多采多姿的時光隧道，恨不得馬上親臨現場，實在體驗這些遺跡所帶來的懷古情調。

因登山的共同興趣結識了本書的作者古庭維，讓我從只在山岳王國中鬼混的狹小視野一下拓展開來，原來山裡的舊鐵道有這麼多故事。台灣的土地有多少寶藏值得發掘，這本書的兩位作者，已經打開了其中一扇窗戶獻給你我。

崔祖錫（知名山岳探險作家、社區大學登山課程老師）

當《糖業文協會訊》創刊時，鄧兄因賜稿與協會就有互動，之後在98年10月提供〈從興盛到凋零的糖鐵〉一文，諒必在新書糖鐵篇會重登，是經典大作。

相信生活在此地關心台灣鐵路的社會各界人士來說，能在自己的嗜好領域之外，要覓得各種知識，豐富人生，充實生活，堅信閱讀此書後必會感受到，擁有許多回憶的台灣鐵路在歷史的長河，所建構的台灣傳統社會文化與經濟，此書是最好的通識涵養課程，頗值一讀和分享經驗。

陳明言（台灣糖業文化協會榮譽理事長）

工業革命浪潮在19世紀中後期隨著台灣鐵道的興建而引領這塊土地開始面對一波波現代化的衝擊。

透過兩位鐵道愛好者的追溯履勘，讓我們得以窺探台灣豐富的鐵道發展歷程。短短不過百多年的歷程，台灣的鐵道卻已歷經幾個世代的變遷；在小小的海島國境之內，除了一般客貨的鐵道之外，居然擁有礦業、林業、鹽、糖、化工，甚至於工程用的等等鐵道，曾經伴隨著歷史的興衰更迭。

除了因時代的脈動，人力拆遷所造成的改變外，大地更展現了令人讚嘆的返歸自然能量，將過客的痕跡隱埋於土石蔓草之間。隨著作者踏勘的腳步前行，不禁使我臆想起，在這一吋吋的遺跡所蘊藏的歷史環境、文化氛圍、社會變遷與融合衝突因素交互運作下，是否也隱藏著一段段如丹·布朗（Dan Brown）在《失落的符號》（The Lost Symbol）中，圍繞在19世紀中葉完工的美國國會大廈及後陸續興建的史密森尼博物館群（Smithsonian Institution）的陰影下所衍生的精采故事，等待著我們挖掘呢？

江金山（台灣鐵道暨國土規劃學會會長）

帶著《台灣舊鐵道散步地圖》，滿懷豪情台灣頭尾走透透，全線踏破書中的每一條舊鐵道，挑戰鐵道迷的極限；或是就那麼隨興地挑一條舊鐵道，全家老小，無所事事，閑適散步，感受一下往日舊軌跡的光景；也可以騎著腳踏車隨意漫遊舊鐵道，看盡大城小鎮的風華，來一趟沒有火車的另類鐵道旅行。這就是拿到《台灣舊鐵道散步地圖》後，我最想做的事了！

嚴裕欽（中華民國鐵道文化協會會長）

鐵道文化在一般人所熟知的文化領域裡並非顯學，而其興起也不過是近20年的事情，在一個鐵道路線、建築、文化均急速消失的年代，一個鐵道研究者很難全面性地去紀錄原來的鐵道史跡，更遑論消失已久的舊鐵道。志忠兄與筆者因為鐵道結識十多年，深入研究鐵道舊線跡，上山下海足跡遍及全島，可謂之鐵道文化界中生代之考古學者。庭維老弟更是不可多得的人才，從鐵道攝影、舊線跡踏查、鐵道刊物編輯等各項專才具備，可說是鐵道研究領域裡新生代的代表。

本書的出版可說是欲研究鐵道文化者的福音，帶著《台灣舊鐵道散步地圖》就可以悠遊台灣不同年代的鐵道環境，體會鐵道建設的開端。期盼志忠兄與庭維老弟因本書的出版，為鐵道文化再注入一股研究風潮。不僅僅是鐵道研究者，筆者也誠摯推薦此書給所有讀者，台灣近代史都與鐵路脫離不了關係，閱讀此書定會讓您更了解台灣，進而更愛台灣這片土地。

馬昌宏（半線鐵道文史工作室總幹事）

坊間所見眾多鐵道方面之著作以車輛與其相關工程技術簡介或風景為主，目前對於舊路線之踏查、追尋、憑弔等兼具感性與知性之著作卻付之闕如。幸有鄧志忠、古庭維二位優秀鐵道業餘研究者，將累積多年苦心研究舊、廢線跡心得，毫無私心地藉本書之出版公諸於世，讓埋沒於荒煙漫草之舊、廢線跡得以重見天日，並能抬頭挺胸地陳述著當年曾經對台灣這一塊土地所做出之傲人貢獻；相信經由本書之閱讀，眾讀者必定如沐春風，亦能夠對於各地之產業鐵道，甚至各地之城鄉發展沿革能有更深入之認識與瞭解。

蘇奕肇（「街貓的鐵道網站」站長）

在國民政府剛撤退來台的時候，若不是糖業鐵路和其他產業鐵路擔負起工業原料產品的運輸重任，今天我們的經濟發展絕不可能這麼輝煌！但這些勞苦功高的產業鐵路卻也隨著時代的變遷逐漸被拆除殆盡。他們的事蹟也漸漸被人遺忘，消失在歷史的洪流中！所幸，志忠和庭維兩位青年，憑著興趣和毅力，整理出這本台灣鐵道運輸歷史的絕佳參考書，憑其兩人多年的地理實察經驗，替讀者歸納出一套有系統的鐵道史料，這份心力，難能可貴。回憶余紀錄台糖鐵道轉眼18年，蒙志忠和庭維兩位晚輩不嫌棄，以筆者之研究方法分析記錄出珍貴史料。間接也了卻鄙人對台灣糖鐵的作一完整紀錄之心願，欣喜之餘，特為文推介，期盼讀者諸君經由本書，能一窺傳統產業鐵道之一斑，並進而互助合作，替凋零無幾的糖鐵留下一些雪泥鴻爪，是所切盼！

張聖坤（南瀛鐵道工作室前理事長，屏東縣東隆國小教師）

拜讀完由志忠兄、庭維兄合力編寫的《台灣舊鐵道散步地圖》，詳細的內文解說、豐富的影像紀錄，說這是本認識台灣鐵道舊線跡的工具書，一點也不為過。部分鐵道雖然早已消失不見，取代的是親近民眾的環境改造，我們仍可藉由書中的圖文介紹，瞭解並想像該路線早期的榮景與沒落；舊鐵道上兩條冰冷、鏽蝕的軌道，蘊涵的卻是台灣鐵道百年的文化風情，作者的用心考察與深入介紹，實在值得肯定。在此邀請您一同循著舊鐵道的軌跡，享受一趟別具深度的鐵道漫遊。

LUKE楊鴻嘉（鐵道網站「路總部」站長）

認識古庭維也有十多年的時間，對於鐵道的事務他總是不遺餘力。還記得我們認識的地點，是在最近才復駛的舊山線鐵道，當天還一同由勝興車站走路到魚藤坪斷橋拍攝火車經過，才一轉眼時間，舊山線已經變為一條觀光鐵道。看到《台灣舊鐵道散步地圖》這本書時我相當感動，因為這本書一一勾起我們小時候的回憶，一一紀錄被遺忘在角落裡的鐵道，讓老一輩的可以回味，讓年輕一輩的可以新知，這是一本適合所有人觀看的書籍。我們都生長在台灣這塊土地，「汝為台灣人，不可不知台灣事」，就讓這兩位作者利用這本書告訴我們舊鐵道的故事吧。

陳俊霖（南方公園鐵道社團園長）

拼湊台灣舊線
完整地圖

鄧志忠

　　如果你有機會翻開台灣的古地圖，從山濱到海邊、從城市到鄉村，到處都鋪設了各種用途的鐵道路線，常會驚訝地說「原來這裡以前也有鐵路啊！」，如果再有機會你可以按圖索驥地來到現場，不難發現多多少少都可以找到這些消失鐵道的蛛絲馬跡。若能加上舊地圖、舊照片、當地居民訪問的佐證，與衛星空照、GPS定位等等現代科技的協助，一條早期鐵道的印象便由此拼湊起來，這就是「鐵道舊線跡踏查」的樂趣。其實舊線跡踏查不僅僅是尋找舊鐵道經過地點的痕跡而已，還包含了對這條鐵道的歷史與人文紀錄，因為鐵道是人類產業文化的一環，常常和地方的繁榮經濟與歷史文化有著密不可分的關

係，當我們審慎考究這些已經消失的鐵道地圖時，絕對會從中得到許多意想不到的收穫！

　　唸書時嘗試著探索台灣其他的鐵道路線，後來發現除了台鐵火車之外，阿里山森林小火車與南台灣縱橫交錯的糖廠鐵道更是有趣，於是陷入無法自拔的境界，放假時常背起相機探尋台灣每個有鐵道的地方。後來在不滿足於搭火車、拍火車的心境下，探索自己能知道或者不知道的任何一條鐵路，心中總認為「當你對某件事有興趣，就會想要更深入了解背後的歷史！」，在追火車之後，便開始循著舊地圖，找尋台灣所有消失的鐵道。從十幾年前探查月眉糖廠甲后線開始，我探訪了台灣各處的鐵道舊

線，不僅重新開啓了那些塵封已久的軌道記憶，也驚覺原來寶島台灣有那麼多美麗的風光與人文之美，而在過程中也認識了許多朋友與志同道合的鐵道迷，古庭維就是其中一位，從收集名片式火車票開始，一起合作寫鐵道文章，也先後擔任了「鐵道情報」雜誌總編輯，而且還發現許多我們除了鐵道之外的共同興趣（例如我們都喜愛生物與古典音樂），最重要的是這本書的催生！

台灣的鐵道環境一直在變化，而且變化得相當快速，從我喜歡鐵道的當時，台灣的鐵道正處於大拆特拆時期，台鐵的許多鐵路支線與工廠側線、台糖鐵路、鹽業鐵路等，都是在我研究鐵道的黃金十年所拆除，這與當下的政策有極大的關聯，不過這幾年台灣軌道環境稍微有不同的氛圍，大家開始意識到鐵道的方便性、環保性與娛樂性，高鐵、高捷與許多連絡支線的興建與通車。在這本書截稿時舊山線的復駛還讓我與古庭維討論相關章節的調整，但是那種心情是喜悅的，畢竟大多數喜愛探訪舊線的鐵道迷心中，一定會夢想這些消失的鐵道能有那麼一天再次重現世人眼中。

雖然我十幾年來的探查結果曾經陸續在「鐵道情報」與「鐵道旅行」雜誌上發表過，但那些都只是鳳毛麟角而已，仍然有許多路線文章尚未發表，這本書可以說是集合我們兩個人探查研究的菁華，不過限於篇幅與出版導向還是無法將我們踏查的成果全部刊出，實為遺憾！希望能藉由讀者的支持與鼓勵，再次感動出版社，能有機會再將其他的踏查成果付梓。

能完成這本書除了古庭維與主編惠雅姐協助外，還有許許多多曾經幫助我、鼓勵過我的朋友與師長，原諒我因為篇幅無法一一列出，但沒有你們就沒有這本書。

拓荒的先驅──
台灣舊鐵道

古庭維

　　翻開世界各國的開發歷史，不論一世紀前的列強、被殖民國，或現在的新興都市、國家，鐵道永遠都是一個地區進行開發的鑰匙。台灣的鐵道，最早可追溯至1870年代，八斗子官煤井的開採；串聯城鎮的幹線鐵道，則是1890年代完成之北部路線。不論這些大小鐵道是否真正堪用，它們無疑都扮演了開發拓荒的先驅角色。寶島台灣，物產豐隆，日本時代政府積極開發各項資源。鐵道永遠都是最好用的一把金鑰。大者如全島鄉鎮之串聯，小者如一條礦坑道，各種鐵道應運而生，由最細處擴展至整個國家，形成綿密、強有力、有效率的運輸系統。不論礦業、糖業、鹽業、化工業乃至於林業，只要以現代化之管理方式開發，就少不了鐵道的幫忙，差別僅在規模和設備而已。常有人說台灣是鐵道王國，不如說那是台灣在氣候、地形、地質上得天獨厚，才擁有如此美妙之土地，才使得幾千、幾百年來的先住民、新移民，都能享用到寶島甜美的資源。

　　既然在這個國家的發展過程，鐵道是不可或缺的角色，那麼閱讀鐵道歷史，也等於瀏覽台灣近代史。「廢線跡踏查」是鐵道趣味中，相當特別的一項，講求史料蒐集與實地探訪。從小，我就對鐵路幹線上分歧而出的支線深感興趣，漂亮圓弧的遠端，消失的盡頭，究竟通往何方。幸運地，當我有能力開始研究這些廢鐵道時，鐵道趣味界已有許多前輩立下基礎，同時也進入網路時代，更多數位化的資訊，更便利的交流管道，甚至查詢

系統，在在滿足了我的童年願望。曾聽過有些人對廢線踏查的看法，認為鑽研逝去事物，冰冷無趣，完全不能與運行中的大小火車相提並論。但我認為，這不僅是尋找廢鐵道殘跡而已，在實地了解人文風貌、產業發展過程中，重回時光隧道，置身於歷史溯源的軸線上，其實是熱愛這片土地、這個國家的態度。

能參與這本書的構成，當然得感謝晨星出版社徐姊的耐心，還有鄧兄的引薦。我們興趣相像，收集車票、追逐糖鐵、到荒郊野外踏查，結識十餘年，原先各自努力，最後共創此作。最要感謝父母親，父親從我讀中學起，時常開車帶我四處走訪台灣，經營出版的母親則讓我從小耳濡目染，都對我的鐵道研究幫助極大，希望您們沒有後悔。感謝台大火車社鄭銘彰、黃智偉、洪致文、謝廉一、江易原、梅凱、杜怡和、楊森豪、劉文駿、邱意琳等學長姊的鼓勵及分享、「出草」時的接應；林佳慶、鄭安佑、張心怡、陳思銘無數次的同行；交鐵會李宇晨、李啟源、高中麻吉王恭鶴及鄰居蔡貴美阿姨提供南部住宿地點；歷史調查同好蔡宜儒前輩、游富傑、黃偉嘉，給予極多建議和指

導；古仁榮、林志明、許乃懿、張聖坤、黃威勝等前輩提供珍貴收藏或寫真，使本書增色不少；崔祖錫、丁彥中、周俊男在登山方面的協助，沒有他們，就沒有歷險拍到的林鐵遺跡。要感謝的人真的很多，遺漏在所難免。

此作耗時數年才完成，過程中曾忍痛刪去許多章節，但期能拋磚引玉，增進同好分享。不論您是否為火車迷，這些鐵道及產業歷史現場，都值得實際走訪體驗。本書即將付梓之際，帶著嵐山索道現況照片拜訪古仁榮先生，聽著老前輩娓娓道來當年盛況，感念時代的變化，我也不禁思考，遺跡只會變多，這些土地的故事，是否能傳承下去呢。

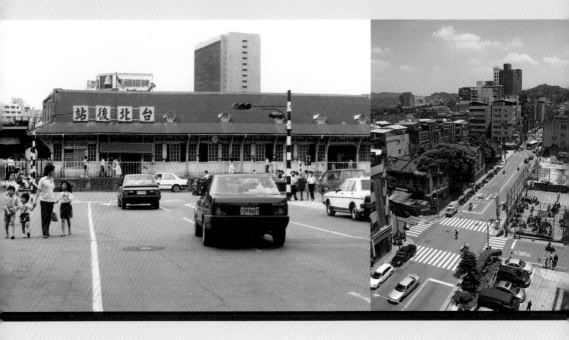

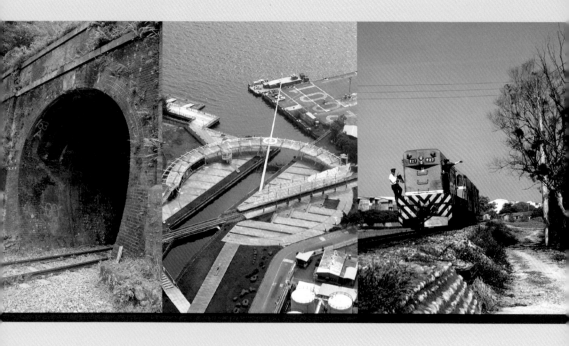

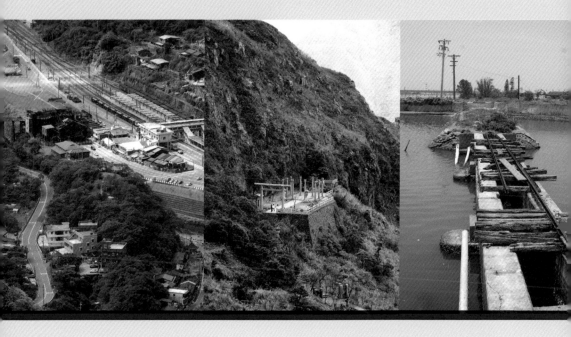

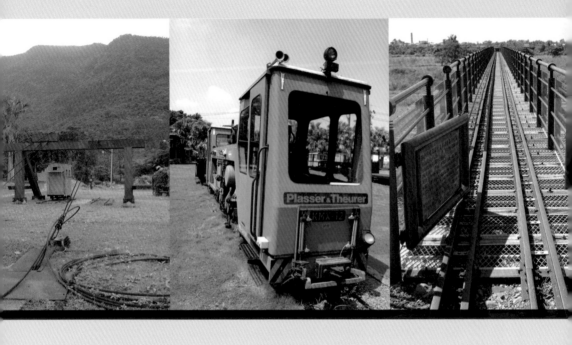

台北都會通勤圈

01

昔日台灣各地大小鐵道遍布，首都台北市也不例外。現今的台北市擁有複雜的捷運路網，不斷地繼續延長中；而在日本時代，除了縱貫線之外，台北市內還有淡水線、新店線、松山機場線以及三張犁線等與縱貫線相同軌距的支線。淡水線原本是建設縱貫線的材料搬運線，後來變身成為首都內通勤用的鐵道；新店線是少數與官線同軌距的私鐵之一，並且不以經營貨運為唯一目標，相當特別。前者後來改建為台北捷運紅線，搖身一變成為第一條高運量捷運路線，而後者則在1950年代不幸早夭，黯淡地改建為一般道路，雖然其後段與捷運綠線完全重疊，但早年的風貌只存於沿線居民久遠的記憶中。

淡水

淡水

紅樹林

復興崗　新北投

竹圍

普濟寺　北投

舊忠義　北投

奇岩　王家廟

忠義

關渡　唭哩岸　石牌　天母

舊石牌
（舊唭哩岸）

明德

芝山

股鄉

蘆洲市

台北市
台北縣

士林　士林

台北市

三重市

宮ノ下　劍潭

舊雙連　圓山

民權西路

台北縣

雙連　中山

長安　松山

台北　往基隆、宜蘭

山鄉

西門　小南門

中正紀念堂

新莊市

萬華　古亭

堀江　台電大樓

和平　螢橋　舊古亭　15

板橋市　板橋　仙公廟　公館

水源地

舊公館　萬隆

永和市

製墰會社前

景美

往桃園、高雄

中和市

二十張　大坪林

大坪林公學校前　七張

舊大坪林　新店市公所

新店市

舊新店

新店
（郡役所前）

路線資料
鐵道部淡水線台北＝淡水：1901年8月25日通車，軌距1,067mm
台鐵局淡水線：1988年7月16日停駛

大台北的鐵道印象
淡水線

←台鐵時代淡水線的車票。北
投和石牌都是許多台北市民熟
悉的站名，不過票面上「臺灣
鐵路局」和「票價5元」等資
訊，恐怕是許多年輕人無法想
像的事情。典藏／鄧志忠

歷史沿革

　　台鐵的支線於1980年代末期開始大
量停駛，這些停駛支線中，最廣為人知、
同時也最被注意到的，就是淡水線。淡水
線也是歷史最悠久的台鐵支線，開始興建
時縱貫線才剛完成基隆到台北的改築而
已。而興建淡水線的原因，就是希望能夠
運輸淡水港的物資，也能幫助縱貫線中部
段的工程。

　　當時由於物資缺乏，且縱貫線建設迫
在眉睫，因此基隆至台北間廢棄舊線拆下
來的材料便派上用場，應用在淡水線的工
程中。全線於1901年（明治34年）8月25
日通車，開啓了這段百年熱線。同樣在這
天通車的，還有台北到桃園間的新線，從
此火車改走萬華板橋鶯歌；第二代台北車
站也在當天啓用，位置在現今台北車站西
邊的空地。淡水線起點是新的台北站，終
點淡水，通車時沿線共有圓山、士林、北

↓淡水線之路線、站名圖。藍色圈圈代表今日
捷運站位置，若無特別註明則與傳統鐵道時期
同站名車站位置大致相同。紅色圈圈代表舊車
站位置，站名前加上「舊」代表該站在捷運通
車後位置更動。

↓位在台北市太原路與市民大道路口的「後火車站懷舊廣場」，係依原本的台北後站站前廣場重建而來。原本的木造站房已不幸於1989年被燒毀，市政府為營造氣氛，因此又放置圖中之車輛，欲模仿1930年代之圖頭「大型汽油車」。但此車輛卻由舊東線窄軌小火車改造，造型相去甚遠，變成四不像。攝影／古庭維

台北電車通勤圈／淡水線

＊在1945年美軍測繪的地圖，可以看到台北車站（Taihoku）當時的規模。車站東南側的機務段擁有一座扇形車庫，此車庫在興建地下化台北車站時被拆除；西北側分出去的支線，通往貨車車場（Freight yard），是原本大稻埕車站所在地，更是清代台北車站原址。由東北側分出的路線就是淡水線，第一個車站大正街（Taishogai）在戰後改名為長安，站旁的學校是建成小學校，戰後改為台北市政府，市政府搬遷後如今成為「台北當代藝術館」。圖中右下角的City Hall（市政府）在戰後成為行政院所在地。

投及淡水等站；1902年時，淡水線的起點移至大稻埕車站，該站的位置就是位於河溝頭街的第一代台北站；1915年（大正4年）大稻埕改回貨運站，淡水線起點又改到新設的北門站，同時增設的還有大正街、雙連、宮ノ下、唭里岸等站，但1924年淡水線起點又改回台北；1930年時，江頭驛（1903年設站）的位置經北遷600公尺成為後來的位置，同年設立的還有竹圍站；另外經由鐵道部運輸課長村上彰一的努力，由北投至新北投的「泡湯」路線也於1916年完成，這是一條完全以觀光為目的的小路線，在台灣鐵道歷史上絕無僅有，然而在太平洋戰

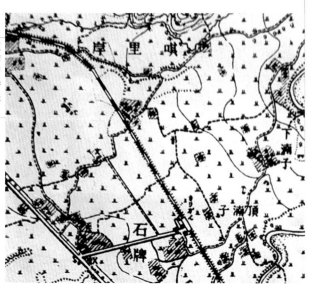

↑清代的台北車站在大稻埕（位於今天的中興院區一帶），在1901年才遷離，但原址並未廢棄，而是改為大稻埕車站。從1902年一直到1915年，大稻埕是淡水線的起點站。（圖取自台灣鐵道史）

爭最末期的1945年（昭和20年），曾因戰備考量而將此線鐵軌拆除改作他用。

戰後的淡水線，除了大正街改名長安、宮ノ下改名劍潭、嘰里岸改名石牌、江頭改名關渡之外，還插入了王家廟以及忠義兩站。改建捷運之後，車站數目增加一倍，但大部分沿用台鐵站名的車站，位置皆有不同程度的更動。最「麻煩」的要屬石牌一帶了，捷運石牌站較台鐵時代北移，南邊插入了明德站，其北邊的捷運嘰哩岸站則又是石牌在日本時代的舊站名。

由於行經都會通勤圈，淡水線的客運和其他支線慘澹的情況截然不同，每到尖峰時段便人滿為患，假日前往淡水的遊客也絡繹不絕，設備老舊的鐵路無法發揮更高的效率，在傳統鐵道沒落的年代，自然也沒有人會想將路線進行升級，反而是「去之而後快」地全線拆除改建極為昂貴的捷運系統。除了客運之外，在改建之前，淡水線也有貨物列車，圓山站外有大同公司側線，淡水站外有殼牌倉庫側線，忠義與關渡則有嘉新大統線，穀斗列車在當時也算淡水線的常客。當然，在完全以通勤為目的的捷運系統興建後，這些貨物列車便永遠停駛了。

→普濟寺的「村上彰一翁碑」。時任鐵道部運輸課長的村上彰一，除了捐獻興建溫泉管線，也促成新北投支線的興築，普濟寺也是由他籌建完成。當地人為了感念他，於是在普濟寺內立了此碑。目前紀念碑外形完整，但許多文字已被破壞。攝影／古庭維

↓台北捷運列車通過圓山大飯店之景。以極高造價興建的現代化系統，一百多年前是以克難方式拼湊出的材料搬運線。攝影／古庭維

路線現況

　　台鐵淡水線在1988年停駛後，包括新北投支線在內全線改建為捷運。捷運淡水線屬於紅線的一部分，起訖點為中正紀念堂與淡水站，1997年3月中山站至淡水站通車，年底通車至台北車站，隔年通至中正紀念堂，紅線的另一段則為信義線。目前淡水線的列車與新店線和中和線直通運轉，新北投線則以三車組電聯車往返兩站。

　　新穎的捷運電車象徵城市的進步，但沿線仍有多處舊線遺跡供人緬懷。曾是淡水線起點的「台北後站」，木造站房不幸於1989年燒毀，近年市政府在原址太原路口規劃懷舊廣場，還陳列一輛「大型汽油車」，可惜的是這輛車由東線窄軌小火車改造而來，非本來行駛之火車。

　　捷運地下段的區間，目前作為線狀公園，過去的路線清晰可辨，其中在雙連文昌宮前有「高施傳義士紀念碑」乙座，紀念1970年的平交道事故。另外在新北投的普濟寺，則有一座「村上彰一

←1970年10月31日，一輛巴士欲闖越錦西街平交道，卻被柵欄、鋼索等設施卡住進退不得。危急之際，擔任看柵工的高施傳先生，奮不顧身替巴士解圍，繼續要清理軌道上的障礙物時卻遭到列車撞擊，送醫不治。隔年的鐵路節，「高施傳義士紀念碑」在雙連站由交通部長張繼正揭幕，典禮隆重。雙連站拆除時，此紀念碑也被拆除移走，捷運完工後才在雙連文昌宮前重組，不過樣貌已與當年不同。攝影／古庭維

↓捷運唭哩岸與奇岩站之間的磺港溪，仍保有古樸的舊橋台，是淡水線現存最古老的遺跡。橋台上新架設的鐵橋，也是線狀公園的一部分，如今是當地居民常用的通道。攝影／古庭維

↘喧鬧的捷運淡水站東南側，有一處靜謐的角落，就是殼牌倉庫遺址，已被指定為台北縣定古蹟。殼牌倉庫具有百年歷史，戰前主要之功能為儲油，油槽在大戰期間遭受轟炸焚毀，但目前內部還保有鐵道、地磅、月台和油管等設備。攝影／古庭維

翁碑」，是地方感念村上對新北投線的貢獻而設立。

在路線遺跡方面，新北投附近的巷口，仍留有平交道阻隔條，見證過去曾有平面鐵道經過；捷運奇岩站南方的磺港溪留有古樸的橋台，目前是居民散步、慢跑的通道，也是台灣極少數20世紀初的鐵道遺跡之一；圓山站外的大同公司工廠，目前仍可看出台鐵側線進入廠區的位置，淡水站外的殼牌倉庫，則留有月台與軌道，目前已登錄為歷史建築，同時作為淡水社區大學校本部。

建於1916年，並於1937年改建的新北投木造站房，在停駛後被民間業者購買而遷至彰化台灣民俗村，是台鐵淡水線僅存的車站建築，近年新北投地區已發起購回老車站之活動，然而是否成功仍是未定之數；其餘車站目前已全數拆除，只剩石牌站的宿舍與倉庫等零星建物。要拜訪這些捷運沿線的遺跡相當輕鬆，買張捷運一日票就可達成，有空不妨來個捷運之旅，也見證這段百年歷史的演進吧。

旅遊何處去

臺北後站懷舊廣場

位在台北市太原路與市民大道路口，搭乘各種交通工具至台北車站即可抵達。

淡水殼牌倉庫

位在捷運淡水站東南方，步行約2分鐘。

順遊景點

台北故事館
士林夜市
新北投溫泉街
淡水老街、漁人碼頭
淡水測候所

01_B

路線資料
台北鐵道株式會社新店線萬華＝新店：1921年3月25日全通，軌距1,067mm
台鐵局新店線：1965年3月20日停駛

坐火車到碧潭的愜意
新店線

↓新店線之路線、站名圖。藍色圓圈代表今日捷運站位置，若無特別註明則與傳統鐵道時期同站名車站位置大致相同。紅色圓圈代表舊車站位置，站名前加上「舊」代表該站在捷運通車後位置更動。我們可以發現，其實新、舊路線的走法相當類似。

歷史沿革

　　在台灣受限於鐵路法，鐵道幾乎都由國營事業經營，看不到百家爭鳴的鐵道公司；但在日本時代，台灣和現在的日本一樣，都是私鐵林立的地區。最大宗的私鐵是糖業鐵道，但在戰後由國營的台糖公司接收。與官線相同軌距的私鐵不多，最特別的就是由萬華通往新店的新店線了。新店線由台北鐵道株式會社經營，起點萬華為了與官線區隔，當時稱為「北鐵萬華」站。由萬華出發，至新店共10.4公里，萬華至公館於1921年（大正10年）1月23日通車，公館至新店則在同年3月25日通車。

　　這條路線有兩個特殊之處，第一是唯一與官線同軌距的私鐵客運線，第二則是唯一使用過「牌券式閉塞」的台鐵路線。通車時沿途設有螢橋、水源地、公館、十五分（今萬隆）、景尾（今景美）、大坪林及新店等站，之後不同時期又加入了堀江、馬場町

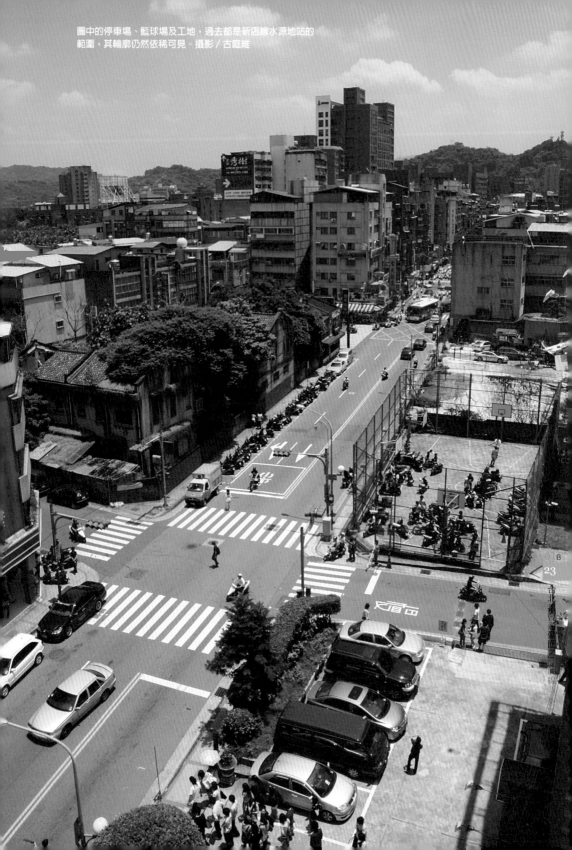

圖中的停車場、籃球場及工地，過去都是新店線水源地站的
範圍，其輪廓仍然依稀可見。攝影／古庭維

←非常珍稀的新店線車票。台鐵新店線的大坪林站,大約在現今捷運七張站之位置,與捷運大坪林站有一段差距。典藏 / 林志明

←日本時代行駛於新店線的汽油車,圖中的學生是台北高等農林學校(後來的台北帝國大學,今台灣大學)的學生。水源地曾經是許多師生每日通勤的車站。

(戰後改和平)、古亭、仙公廟、製壜會社前、二十張、大坪林公學校前、七張及郡役所前等站。其中的大坪林站,大約在現今捷運七張站之位置,與捷運大坪林站相隔甚遠。景尾則是中途大站,連接來自石碇、深坑與木柵的台車線,這條台車線是台北南部運送煤礦的交通要道,即現在的木柵路與北深路(106縣道),同時也是興建新店線最大的誘因之一;終點新店鄰近名勝碧潭,同時也是聯通烏來與坪林等地的轉運站。新店線除了運輸台北盆地南側的煤礦、木材等物產,也期待首都與周圍衛星城鎮間的客運能帶來營收。

然而這條路線並未如淡水線一樣,漸漸形成都會通勤圈熱線,在日本時代只能靠政府補貼勉強經營,戰後由台鐵收購,不到二十年便放棄經營,雖然沿線煤礦業者反對,仍於1965年3月20日停駛,貨運功能由同年4月3日通車的中和線取代,並於1968年拆除改建成一般道路。

其實台北南區的公館到景美、新店間,自古以來就是交通要道,台北鐵道株式會社投資建設不是沒有道理。雖然新店線只存活短短44年,但現在的捷運新店線,在古亭以南,許多站名與當年北鐵新店線完全相同,路線也幾乎重疊,算是還給北鐵的投資眼

光一個「公道」，同時也讓新店線這個名稱在三十多年後復活。這樣的情況與淡水線還真有幾分類似。

路線現況

台北捷運新店線屬於綠線的一段，由西門經中正紀念堂通往新店，綠線的另外一段則為西門經中山站通往松山的松山線。老新店線早在1965年就走入歷史，是戰後第一條停駛的台鐵支線。當時的社會完全沒有歷史文物保存或是城市記憶的概念，當

然也沒有所謂的停駛紀念活動；四十多年來城市迅速發展，相關遺跡幾乎完全灰飛煙滅，因此所剩無幾的遺跡更是彌足珍貴。

新店線在拆除之後改建為一般道路，大致來說就是汀州路與羅斯福路及北新路。觀察汀州路在萬華的起點處，由縱貫線（現在的艋舺大道）分歧向東南彎出的線型非常明顯；這段路有許多樓房「背對」汀州路，符合一般人不將正門開在鐵軌前的習慣，也見證了鐵路經過的往事。同樣能見證鐵路身世的，還有在金門街、廈門街與銅山街口一帶，汀州路的路面較兩旁高出許多，這是由於鐵道路線在坡度上有所限制，因此地勢較低處以路堤通過，改建道路後這項特徵並未隨之消失。

新店線曾有過多達17座車站，但目前已經完全找不到任何一座站房。不過在河堤國小附近的人行道，其實正是直接蓋在古亭站的月台上，只是經過歷次修改，愈來愈不像月台了。此外，螢橋、水源地與公館等站址，目前仍可觀察出站場範圍，其中最完整的是水源地車站。

水源地是距離台灣大學最近的一站，許多台大師生在鐵路停駛前，每天搭火車通勤到水源地，這是許多人無法想像的往事了。之所以命名為水源地，是因為鄰近1909年啟用的自來水廠，也就是現在的自來水博物館。園區入口前就是水源地站場範圍，汀州路與羅斯福路三段316巷口的空地，正是當年的站前

↑汀州路與羅斯福路三段316巷口的這塊空地，正是水源地站的站前廣場，廣場旁三角形屋頂的咖啡店，據說就是依車站的行李房改建而來。攝影／古庭維

↓由於鐵道興建時對坡度有一定之限制，以免影響列車行駛，因此鐵道路基通常會盡量保持在一定的高度。在新店線拆除改為汀州路之後，有許多地方出現了這樣路面比兩旁還高的情況。攝影／古庭維

↑自來水博物館主要之建築為1908年落成的唧筒室，已有百年歷史，目前是市定古蹟。若此園區能與水源地車站宿舍、寶藏巖和台灣大學等觀光資源妥善整合，相信能創造一條動人的旅遊線。攝影／古庭維

廣場，而人行穿越道的位置大約就是月台的所在地。廣場旁的咖啡店，據說是依車站行李房改建而來，緊鄰著的是新店線最大的遺跡，已經指定為歷史建築的車站宿舍。車站宿舍在2004年進行古蹟指定，但同時也遭台鐵拍賣，得標者欲進行拆除時才知道是歷史建築，最後建築稍微遭到破壞，買主也放棄購買。

　　這間宿舍幾乎是台鐵新店線最後的見證，區域內尚有多棵列管老樹，實在應該由市政府妥善活化，發揮其不凡的文化價值。其實若與寶藏巖、自來水園區和台灣大學等觀光資源妥善地結合，勾勒出水源地、公館一帶的發展風貌，相信會成為一套相當完整的文化之旅。

旅遊何處去
水源地車站宿舍
搭乘公車或捷運在捷運公館站下車，步行約5到10分。

順遊景點
國立台灣大學
自來水園區
景美夜市
碧潭吊橋

台鐵

02

台灣鐵路管理局所管轄的環島路線，發軔於清朝劉銘傳所建台北至基隆間鐵道，之後奠基於日本時代，直到今天都是台灣鐵道的主軸。雖然這個架構歷史由來已久，然而鐵路建成之後並非永不改變，從通車第一天開始，路線就開始進行保養、修改，品質較差的路段甚至在數年後面臨廢棄。清代的鐵道，由於難以使用，在進入 20 世紀後就被新線所取代，而由日本人建設完成的路線，也不斷地在進行截彎取直、減緩坡度等等改良工作。直到今天，鐵道路線的改良也持續在進行著。在這樣的汰舊換新之下，鐵路才會日趨進步，行車速度和安全性才能逐漸提升。

28

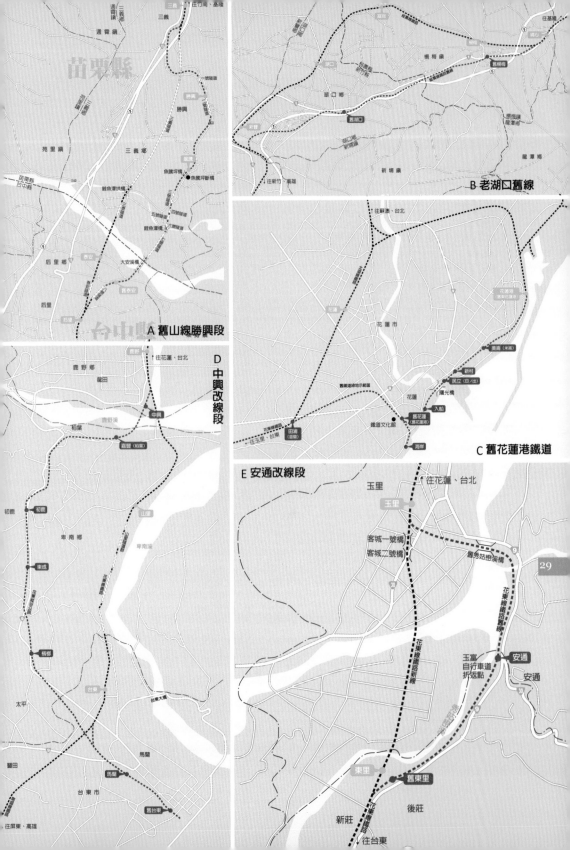

A 舊山線勝興段

苗栗縣
台中縣

三義 往竹南、基隆
通霄鎮
三義鄉
勝興
魚籐坪橋
魚籐坪斷橋
苗栗縣
台中縣
苑里鎮
三義鄉
大安溪橋
后里鄉
舊泰安
后里
鯉魚潭拱橋
鯉魚潭壩
五號隧道
四號隧道
二號隧道
一號隧道

B 老湖口舊線

往基隆
楊梅鎮
舊楊梅
湖口鄉
舊湖口
湖口鄉
新湖口
新埔鎮
龍潭鄉
楊梅鎮
龍潭鄉
往新竹、高雄

C 舊花蓮港鐵道

往蘇澳、台北
花蓮市
花蓮港
舊花蓮港站
美崙（米崙）
新村
民立（日ノ出）
薄光橋
入船
舊線道線地示範區
舊花蓮
（舊花蓮港）
鐵道文化館
田浦（鹽寮）
往玉里、台北
海岸

D 中興改線段

往花蓮、台北
鹿野鄉
龍田
中興
鹿野溪
稻葉
寶盛（稻葉）
初鹿
初鹿
卑南鄉
山里
卑南溪
東成
檳榔
檳榔
台東
台東大橋
太平
台東市
馬蘭
馬蘭
舊台東
往屏東、高雄

E 安通改線段

往花蓮、台北
玉里
玉里
客城一號橋
客城二號橋
商秀姑巒溪橋
9
29
花東線鐵路舊線
花東線鐵路新線
玉富
自行車道
折返點
安通
安通
東里
舊東里
新莊
後莊
往台東

超人氣舊線跡
舊山線
勝興段

↓從三義經勝興、泰安到后里的路線，即所謂的勝興段，沿線幾乎沒有直線。自三義開始，一路以盤山展線的方式，在丘陵地帶緩緩爬山。抵達台鐵路線最高處的勝興車站後，又以陡下坡、連續隧道、鐵橋串連南下，是舊山線景色中最為精采的一段。這段路線停駛之後，勝興車站遭到裁撤，泰安車站則是往西遷移，成為一個高架車站。

歷史沿革

一般俗稱的「舊山線」，泛指由三義經勝興、泰安、后里到豐原的鐵路。舊山線在1908年竣工，是縱貫線施工最困難、最後完工的路段。而單線運轉，加上千分之二十五的坡度，數十年來一直是運輸瓶頸。1984年起開始規劃山線雙軌工程，三義到豐原改建幅度非常大。其中勝興段的盤山展線，是以長7,728公尺的三義隧道取代，歷經十多年工程，1998年9月24日正式切換，舊山線功成身退。

從三義站出發，向南走到新舊線的分歧點後，沿著舊線旁的苗 49 鄉道漫步，無論是山櫻花盛開的春季或是油桐花開的初夏，襯托著三義山區特有的霧氣，讓人彷彿置身於仙境一般。尤其不要錯過了一號隧道前的磚造函洞，其細緻的工法與美麗的幾何造型，即使經歷了近一世紀的風吹雨淋，依然看不出歲月的痕跡。

↑舊山線老隧道原先都是磚造，但在1935年發生的強烈地震造成損傷後，大多經過整修改建為混凝土洞門，如今只有一號隧道北口保持原貌，可供遊客仔細地研究磚拱、拱心石、拱腹等早期隧道特有、優美的結構。攝影／古庭維

←內社川橋在1935年地震中橋墩位移，受災嚴重。然而此處前後連接隧道，南邊的七號隧道又連接長達600公尺的大安溪橋，若要像魚藤坪橋一樣改線則過於浩大，因此施工時利用舊橋為基礎，建好新橋墩，組裝新桁架的同時也將舊橋結構慢慢撤去。圖取自台灣鐵道震災誌

花蓮鐵路局
普通‧快車通用
三 義 站
至
后 里 站
經由勝興站
限乘賀當日有效 票價 16 元

→由三義經勝興到后里的普通、快車
通用車票。此路線即俗稱舊山線之勝
興段。典藏／古庭維

　　沿著鐵軌前進約莫 1.5 公里便可抵達一號隧道
的北口，一號隧道北口是山線隧道群中唯一保持磚造
原貌者，可以仔細地研究什麼是磚拱、什麼是拱心
石、拱腹等早期隧道特有的結構。沿著小徑越過隧道
的上方可抵達昔日山線鐵路的重要交會站──勝興；
原名十六份的勝興站，站內有三股鐵道供列車交會，
而小小的車站竟也設置了兩個月台。站內邊坡的十六
份站名、台灣鐵道最高點紀念碑（戰後改建）、木造
站房更是日本時代所遺留下的珍品；站場的南邊則是
第二號隧道，洞門上有出自後藤新平的「開天」題字
匾額。

　　從二號隧道上方，則可俯瞰整個勝興站場與
十六份村落，鐵路尚在營運時可是一座寧靜又純樸的
山中小城，如今卻是各式客家餐飲、休閒農莊林立於
周遭。二號隧道南口過後，是舊山線時期的一六七號
誌站，一個以里程數命名的列車交會站（基隆起

↓勝興車站是國內旅遊熱門景點
之一，即使平日亦有相當多遊客
造訪。木造站房完成於1912年
（明治45年）3月，歷史悠久，
其特色是擁有多種木構裝飾以趨
吉避凶、改善風水，例如鋸齒狀
的屋簷，或是突出的山牆，這些
建築風格在台灣的火車站中絕無
僅有。攝影／古庭維

↑毀於1935年地震的舊魚藤坪橋，因位於龍騰村，故取名為「龍騰斷橋」，與勝興車站同為苗栗縣著名景點。舊山線尚未停駛前，由車上欣賞斷橋也是令人印象深刻的鐵道車窗風景。攝影／古庭維

K165.8~K167.8），而在號誌站的北端還有一條折返線與南邊安全側線，前者必要時可輔助列車爬升至勝興站，後者則是防止列車失控的路線。經過號誌站後，山線鐵路的名景——魚藤坪斷橋便在不遠處，北邊六座與南邊四座橋墩是 1935 年「新竹、台中州大地震」的歷史見證；在 1999 年的九二一地震時又再次造成北端橋墩損壞，站在橋下看著一根根磚造橋墩，不難感受地震發生時的威力。此處原是蒼翠的柚子園，後在當地政府規劃下成一座大型停

↓三號隧道到七號隧道，是著名的連續隧道區，一個接著一個、忽明忽暗，彷彿穿越了時空一般。圖中的列車正由五號隧道鑽出，即將進入四號隧道。攝影／古庭維

台鐵幹線改線段／舊山線勝興段

← 舊魚藤坪橋曾是台灣最美的鐵道建築，兩端由紅磚砌成之磚拱建成，連接中央部的上承式桁架鐵橋，在寬廣的山中谷地渾然天成，堪稱台灣公共建設的經典之作，可惜在1935年地震時遭到震毀。由於受損太嚴重，災後重建時是在斷橋西側另建一座鋼鈑橋，成為新舊橋並列的情形。圖取自台灣鐵道史

車場與攤販集中處，夜市形態的聚集幾乎與台灣其他地方無異，或許這就是台灣的觀光特色。

舊山線跨過魚藤坪橋後的三號隧道到七號隧道，是著名的連續隧道區，一個接著一個、忽明忽暗，彷彿穿越了時空一般；從苗 49 鄉道旁的小路下去，就可以到達連續隧道區。六號隧道與七號隧道之間就是內社川橋，橋下跨越著鯉魚潭水庫，以往山線列車通過這全台鐵獨一無二的上承式桁架橋，是當年鐵道迷最愛的攝影名景。南端全長一千二百多公尺的七號隧道，在其北口為後藤新平的「巨靈讓工」題字，南口則有當時總督兒玉源太郎親題的「一氣通」，訴說著當年開鑿這座隧道的艱辛，也象徵縱貫線從此全通。緊鄰七號隧道南端的大安溪鐵橋，是舊山線最長的一座橋，屬於下承式桁架橋，列車穿出隧道馳騁在遼闊的大安溪河床上，那種豁然開朗的氣魄，還真有一氣通的感覺呢！

舊線遠方可見新線高架橋段與橋上的新泰安車站，五層樓高的橋面，站在車站月台上看著一班班呼

↑舊泰安車站的月台雨棚，是利用1935年大地震後損壞的鐵軌來搭建，若仔細觀察鐵軌上的標記，還有鐵道部的標誌以及1905年等字樣，是大地震的見證，也是珍貴的骨董。攝影／古庭維

↓七號隧道長1,261公尺，北端銜接內社川橋，南端緊鄰大安溪橋，工程非常困難。隧道南口上方有總督兒玉源太郎的「一氣通」題字，象徵著在這段艱鉅工程完成後，整條縱貫線從此全通。攝影／古庭維

↑緊鄰七號隧道南端的大安溪鐵橋，是舊山線最長的一座，屬於下承式桁架橋。圖中的自強號電聯車，因為動力不足所以在後端加掛一輛補機，幫忙將列車推上海拔最高的勝興車站。舊山線又彎又陡的長上坡，讓數十年來各種車輛都吃足了苦頭。攝影／古庭維

↑內社川橋是台鐵最後一座上承式桁架橋，巨大的鐵架橫跨溪谷間，兩端分別是六號及七號隧道。搭乘列車通過此處，除了忽明忽暗的連續隧道，還能聽見鐵橋發出的巨大聲響。攝影／古庭維

嘯而過的列車與大安溪河谷壯闊的景色，與舊泰安站的小站意象是截然不同的感覺。舊泰安車站位於台中縣境內，其車站建築形式與造橋、銅鑼等站相同，站內防空洞式的地下道與月台上舊鐵軌遮雨棚是早期鐵道歷史文物；在站場北方的地震紀念碑，記錄了大地震對山線鐵路所造成的損害與修復情形，而其砲彈般的外型在台灣的紀念碑之中也是獨一無二的。紀念碑旁是山線通車時期的大安站所在，大地震後遷站現址並於戰後改名為泰安。

舊泰安站南邊穿過后里台地的八號隧道，在南北兩側洞口都有「大安洞」的隧道題字，這是日本時代第16任總督中川健藏的代表作；而山線鐵路為了爬上位於后里台地上的后里站，在八號隧道的設計上也是採用千分之25的爬坡路線。位在八號隧道北口處的后里圳也是日本時代重要的水利工程建設之一，由於它的興建使得后里台地上的灌溉水源無以匱乏。

過了八號隧道新舊山線逐漸會合後便來到了后里車站，新穎的鋼筋水泥站房是1994年完工的，在站房的南側留有月眉糖廠的專用倉庫，這是月眉糖廠鐵道的遺跡之一，倉庫外散落的糖鐵樣式水泥枕木更證明了五分車曾經到過這裡。舊山線三義后里

↓泰安車站原為木造站房，在1935年地震後嚴重傾斜，之後在原址附近重建新的混凝土站房，特色是線條簡單，並呈現水平延伸。此類站房最先出現在造橋車站，落成後即遭逢重創台灣中部之烈震，但採用鋼筋水泥的造橋車站未受損害，因此泰安、銅鑼和清水等站在災後重建時均採用此樣式。攝影／古庭維

↓由CK124蒸汽機車牽引的復駛列車進入167北號誌站。以公里數為名的167北及南號誌站建於電氣化工程時代的1977年，以應付電氣化後將會增加的行車密度。攝影／古庭維

36

改線段在此結束，鐵路停駛後多年，跨越苗栗縣與台中縣間的路段也一直有提出改為觀光鐵道復駛的遠景，奈何需跨部會協商的單位過多、土地取得與後續營運問題，一直遲遲未能付諸實現。終於在2010年5月25日，在停駛將近12年之後，開行試運轉列車，且於6月3日正式復活運轉！鐵道上有列車行駛才有其生命力，美麗的歷史也得以延續下去。

路線現況

提到舊線跡旅行就不得不介紹舊山線鐵路，這條路線在近年來國人旅遊中，一直是鐵道懷舊的首選行程，經過當地政府的積極推廣，結合客家文化、美食，舊山線就如針線般串起了這些景點，因此每到假日，如織的遊客和車輛常常將周邊道路擠得水洩不通，為平日

↑二號隧道北口，洞門上有出自民政長官後藤新平的「開天」題字匾額。由於經歷戰後的仇日氛圍，題字已經受到嚴重破壞，幸好仍能看出輪廓。攝影／古庭維

↑緊臨內社川橋的七號隧道北口，洞門上方原本有後藤新平的「巨靈讓工」題字，但遭破壞後已經很難辨認。攝影／古庭維

寧靜的山城帶來人潮。

這段鐵路無論在沿線的風光與人文歷史都是一條值得介紹的旅遊路線，雖然在過度觀光化的轉變後，鐵路周邊已經褪去了原有的純樸面貌，但是對於喜歡舊鐵路旅行和鐵道迷而言，欣賞這段鐵路的橋樑、隧道、車站與沿線的景緻，依然是最美麗的視覺饗宴。

假日人潮眾多的舊山線，勝興車站常常人滿為患，由於火車不再駛來，走鐵軌成為遊客最喜愛的活動，甚至走入隧道，或是高聳的魚藤坪橋和鯉魚潭橋。為了安全起見，後來在橋樑隧道兩端設立告示牌，禁止通行。研議多年的鐵道復駛，則於2010年6月3日正式實現，但目前行駛的區間只有三義經勝興到舊泰安站，期望將來可繼續推進至后里。美麗的鐵橋和古樸的隧道再現風華，可說是台灣鐵道文化保存史上，一次非常重要的進展；而台鐵欲將此路線外包經營，若能順利牽成，也將成為支線鐵道觀光化的借鏡，別具意義。

↑泰安車站內的「臺中線震災復興記念碑」，此碑立於倒塌的木造站房原址。碑文以日文寫成，敘述當時受災及重建之情形，下方鐵牌為近年加上的碑文翻譯。攝影／古庭維

02A
37

台鐵幹線改線段／舊山線勝興段

旅遊何處去
勝興車站、開天隧道、魚藤坪橋、鯉魚潭橋
駕車由國道 1 號三義交流道下沿苗 49 鄉道進入，或由省道台 3 線或台 13 線轉苗 52 鄉道前往。（勝興車站附近假日管制）
舊泰安車站
1. 位在后里北方，可開車由省道台 13 線依指標前往。
2. 搭乘苗栗客運在泰安車站下車。

順遊景點
鯉魚潭水庫
九華山大興善寺

路線資料
鐵道部縱貫線楊梅壢＝大湖口＝紅毛田：1901 年通車，軌距 1,067 mm
鐵道部縱貫線楊梅＝（老）湖口＝山崎：1929 年 10 月 1 日起停用

老街的見證
老湖口舊線

歷史沿革

　　新竹的湖口是大家非常熟悉的地名，然而翻開新竹地區的地圖，可以看到老湖口，又有新湖口，一新一舊的湖口似乎令人摸不著頭緒。原來，這跟縱貫鐵路改線有直接的關係。

　　清代台北新竹間的路線在1893年通車，設有大湖口站，由於車站的設立，大湖口以車站為中心迅速發展起來；日本時代新線在1901年通車時，桃園到新竹間修改幅度不大（當時大湖口往南之下一站為紅毛田，今竹北）。後來縱貫線全線通車，更是加速了大湖口的發展。由於行旅往來頻仍，1914年

↓由於老湖口附近的鐵道又彎又陡，坡度甚至達到千分之16，因此昭和初年縱貫線規劃建設雙線時，乾脆直接將路線大幅度修改。新的路線在1929年10月1日通車，以一個半圓形路線繞過楊梅湖口間的崎嶇丘陵，使得楊梅、湖口兩站都面臨遷移命運，中間另外新設伯公岡站（今富岡站）。新舊湖口站由於距離達三公里多，使得舊市區迅速沒落，與新湖口呈強烈對比。

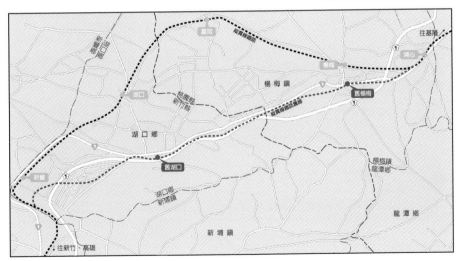

↓位在老湖口中正路底的天主堂建於1965年，其位置就是舊湖口車站所在地，雖然車站已經消失，但醒目的教堂延續了車站的地標精神。目前教會已經停止活動，但空間改作為老湖口天主堂文物館，展示當地的客家民俗風情。攝影／古庭維

←1923年的湖口地圖，街廓樣貌與今日差異不大，僅有鐵道和車站已經遷移。此段鐵道部分成為後來高速公路用地，而舊車站則改為天主教堂，僅留下月台遺跡。

←老湖口天主堂的門口有許多鐵道
意象的營造。攝影／古庭維

時，在火車站旁建立起全新的商店街，道路兩旁整齊
的磚拱街屋，在當時算是相當新穎而氣派，也被當地
居民稱為「新街」。

　　大湖口的地名，到了1920年的地方行政改制
時，改為湖口，車站名稱也改為湖口驛。不過隨著鐵
道而興盛的湖口，也因鐵道的關係面臨重大改變。由
於在靠近楊梅附近，以及山崎站（今新豐）的北邊，
坡度和曲度過大，加上路基不穩造成行車瓶頸及危
險，因此還是決定以新線取代。為了減緩坡度，新線
從埔心站南方開始，轉向西北前進，繞了一大圈後才
又在湖口的西南方接回去。改良線在1929年10月1
日通車，除了靠近改線段東端的楊梅站北遷一百多公
尺，還另外新設了伯公岡驛，也就是現在的富岡車
站，而湖口車站的位置也遷往新線。因為距離舊線甚
遠，久而久之以新車站為中心形成了新的市區，建好
才十多年的嶄新商店街則是一落千丈，新湖口與老湖
口的分別就此產生。

　　幾十年來，兩個聚落發展的差距愈來愈大，直
到1990年代國內旅遊風氣盛行，加上吹起本土懷舊
風，當年的新街被重新「發現」，成為著名的湖口老
街。這條老街或許不如三峽、大溪老街的華麗，卻更

↑舊湖口車站目前仍保有月台遺
跡，經整理後成為老車站公園，
位置就在天主堂西側的樹林裡。
攝影／古庭維

↓湖口老街的西端是天主堂，東
端則是傳統信仰中心三元宮。此
廟之起源可追溯至清國道光年
間，至19世紀末由於鐵道的通
車，使得湖口漸漸發展，地方上
也興起建廟之意願，但直到在
1918年才建成。攝影／古庭維

加整齊、壯觀，也多了其他老街所沒有的寧靜感。老街的盡頭，是老湖口天主堂，其位置就是當年的舊湖口車站，因此社區在教堂門口特別營造了鐵道意象。繁華落盡的老湖口，列車不再駛來，只留下老街作為當年見證。

路線現況

老湖口一帶的舊線，大致上是沿著現在的國道一號走，老街的天主教堂就是在高速公路旁。當年鐵路的路基比老街稍高，車站居高臨下，儼然是聚落地標。鐵路在改線後被拆除，舊車站留下的空地直到1965年才建起教堂，但教堂建築並未完全覆蓋站場遺跡，因此目前仍能在該區域找到老月台遺跡。沒落的老湖口，如今教堂高聳的屋脊，完全承接了車站作為地標的精神，依然屹立在老街的尾巴。

旅遊何處去

湖口老街

1. 搭乘台鐵列車到楊梅、湖口或新竹車站，轉搭新竹客運在舊湖口下車。
2. 老湖口位於省道台1線上，可開車前往，有風景區指標。

路線資料
鐵道部台東線花蓮港＝荳蘭：1910 年通車，軌距 762 mm
鐵道部台東線花蓮港＝東花蓮港：1940 年通車，軌距 762 mm
台鐵局台東線（舊）花蓮＝田浦：1982年7月1日停駛

洄瀾海風相伴
舊花蓮港鐵道

歷史沿革

　　如果說花東地區是台灣的後花園，那麼創造這片後花園的泉水應該算是台東線鐵路了。西元1908年日本國會批准興建花蓮港至璞石閣（玉里）的鐵道經費後，台東線鐵路便陸陸續續地興建；而同樣是開發花東地方的花蓮港築港工程，也在1931年正式開工，一條鐵路、一個港口，就像一把鑰匙開啟了台灣東部開發的歷史，也造就了台灣東部的第一大城市——花蓮市。來到花蓮除了暢遊花東縱谷和

↓花蓮之舊車站位於中山路底，日本時代稱為花蓮港站，是台東線鐵路的起點。但由此亦有往港口方向之路線。1912年在南濱設立海岸站，是最初的港口車站，一直到1939年9月，東花蓮港站開業之後才失去功用，並於1941年4月廢止。東花蓮港站即現在的花蓮港站。由花蓮舊站至花蓮港間，原設有入船、日ノ出、米崙等站，戰後日ノ出改為民立、米崙改美崙、入船廢除，但又加入新村。東拓之後，前往花蓮舊站之路線，改由北側進入，但花蓮港到花蓮舊站，由於作為機廠迴送路線，直到1996年才完全停用。

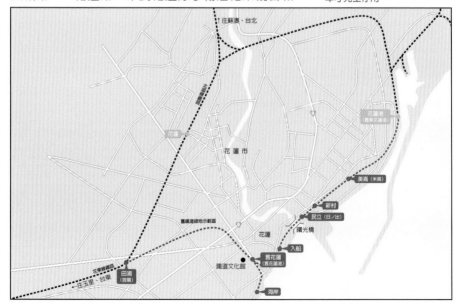

↓舊花蓮到花蓮港站間的鐵路拆除後，改建為自行車道，其中舊鐵道美崙溪橋
以木材重新裝點，並取名了一個非常詩情畫意的名字「曙光橋」，更增加這段
舊鐵道的光彩。攝影／古庭維

←從1944年美軍測繪的花蓮港地圖中，可以看到
舊花蓮站及其附近的路線。如今由舊田浦站至花
蓮港站間的路線已經全部拆除。廣大的舊花蓮站
場，其實還包含了機廠在其中，這個舊機廠一直
用到1996年才遷到新站附近。車站東南端，同時
有往北及往南之路線，往南的路線即是1912年即
設立的海岸站；往北之路線，則通往東花蓮港
站，也就是現在的花蓮港站。

↑從舊花蓮站穿越市區的路線，在2003年由花蓮市政府撥款將這段廢線跡重鋪上地磚，並輔以文字、軌道等圖像，成為「舊鐵道綠地示範區」，試圖營造出舊鐵道路線的氛圍，讓花蓮市民能在這條舊鐵道步道上緬懷當時小火車進入市區的記憶。攝影／古庭維

太魯閣國家公園外，其實花蓮市區本身也是一個風光綺麗的休閒好去處，小吃、名勝多得讓人情不自盡地愛上這個有山有水的都市。

　　早期抵達花蓮之船舶，需停靠外海，再以小船接駁至南濱，因此於1912年設立海岸驛。築港開工後，由花蓮舊站（當時稱花蓮港站）興建經北濱跨越美崙溪往北之路線，以東花蓮港站（今日的花蓮港站）為終點，並於1939年9月開始營業，原先南濱之海岸站則在1941年廢止。戰後花蓮港站改稱花蓮站，而東花蓮港則改為花蓮港，此時的路線仍為762mm軌距。站名之改變看似拗口，其實是因為原本「花蓮港」為行政區域，而非港埠名稱。

　　在 1970 年代十大建設的北迴鐵路興建工程中，另外規劃了由北埔站到花蓮港站軌距 1,067 mm 的花

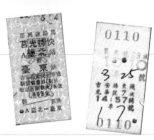

蓮港線（北埔＝花蓮港），而舊東線花蓮＝美崙＝花蓮港在 1982 年拓寬時也一併更改軌距為 1,067 mm 的鐵道。1982 年 7 月 1 日花蓮新站正式啓用後，這段鐵路也順理成章成為新站與舊站的聯絡線，而花蓮新站、舊花蓮站、花蓮港站在此時成為一個短暫存在的環狀路線；因為位於新站的新花蓮機廠尚未完工，從舊花蓮站經美崙、花蓮港、北埔到達新站的路線就成為當時花蓮機廠車輛的迴送路線。1996 年新站旁的花蓮機廠啓用後，舊廠隨之裁撤，這段鐵路的功能便完全消失了。然而舊花蓮到花蓮港間的鐵路拆除後，地方政府將美崙到花蓮港之間的鐵道規劃為自行車道，間接地延續她的生命。

舊台東線花蓮田浦（通車時稱荳蘭）之間的鐵道，在東拓之後考量花蓮市區發展，決定將這段路

↓位於舊花蓮站原址旁的「鐵道部花蓮港出張所」，現存的建築物是1932年落成的木造辦公廳舍，整體格局為四合院，正廳上有中央尖塔，於2002列為花蓮縣歷史建築。近年在文建會出資整修之後成立「鐵道文化館」，目前已開放參觀。攝影／古庭維

↑鐵道文化館門口的大水池，其實就是當年舊花蓮站前廣場的噴水池。在這沒落的舊站區與廣大未開發的空地旁，大水池顯得格外醒目。攝影／古庭維

↓1939年9月，花蓮港至東花蓮港之路線啓用，同時設立ав船、日ノ出、米崙等站。戰後米崙站改稱美崙，一直到東拓廢線才消失。廢線改建為自行車道後，於車站舊址設立此涼亭供作紀念。攝影／許洋豪

線廢除，因此花蓮新站正式啓用後，市區鐵道相繼拆除。這段鐵路從舊花蓮站出發，經過花蓮市最繁華的地段，抵達東拓前的田浦站與現在的花東線交會。廢線多年後一直是以小巷子的型態存在，在花蓮市地圖上仍可隱約勾勒出當年鐵道的走法。

路線現況

舊花蓮到花蓮港站間的鐵路拆除後，搭上近年的自行車風潮，改建為自行車道。這條臨海自行車道從花蓮港站附近為起點，前段與現用的花蓮港線平行，隨後自行車道路線就在花蓮港上方，眺望太平洋的路線視野讓人覺得相當地遼闊；約莫一公里的路程跨越花蓮港大門前公路下方的函洞後，自行車道氣派地跨越美麗的美崙溪。這座位於美崙溪出海口的舊鐵道美崙溪橋，現以木材重新裝點，並且還取了一個非常詩情畫意的名字「曙光橋」，更增加這段舊鐵道的光彩。路線的終點在南濱公園，這裡在東拓前曾經存在著美崙站，提供當地學生與居民搭乘，不過現在杳無蹤跡。

從舊花蓮站穿越市區的路線，在拆除後僅剩下田浦站遺址的空地和零星遺址。直到2003年，花蓮市政府撥款將這段廢線跡重鋪上地磚，並輔以文字、軌道等圖像，成為「舊鐵道綠地示範區」，試圖營造出舊鐵道路線的氛圍，讓花蓮市民能在這條舊鐵道步道上緬懷當時小火車進入市區的記憶。位於舊花蓮站附近的「鐵道部花蓮港出張所」，現存的建築物是1932年落成的木造辦公廳舍，整體格局為四合院，正廳上有中央尖塔，於2002列為花蓮縣歷史建築。近年在文建會出資整修之後，目前已開放參觀。此外整個舊站區尚存有「蒸汽機車加水水塔」、「處長宿

舍」、「舊花蓮工務段」及「鐵道部警務段武道館」等歷史建築。是整個舊東線鐵道的根源與見證。

　　當年最繁榮的舊花蓮車站周邊似乎沒有因為鐵道的拆建而有所發展，反倒是如今的新站地區，漸漸成為花蓮市最具發展潛力的地段。鐵路交通到底是都市發展的阻力或者助力？鐵道文化資產是否在其完好時就應該加以保護？經過這麼多年的印證，相信答案應該都非常明顯。

旅遊何處去
曙光橋
1. 搭車或開車至花蓮市，往花蓮港方向可見自行車道指標。（自行車道平行海濱街）
2. 搭乘花蓮客運在花蓮總站下車
3. 自行車出租：花蓮縣青少年公益組織
花蓮市菁華路四巷1-5號 03-8361995；50元/12小時

鐵道部花蓮港出張所（鐵道文化館）
1. 位在中山路重慶路口
2. 搭乘花蓮客運在花蓮總站下車
舊鐵道綠地示範區
位在中華路、中山路及中正路所圍成街廓之中

舊東線越嶺路

中興改線段

↓東拓工程在1982年完工通車，其中從鹿野經中興、嘉豐、初鹿、東成、檳榔等站的舊線，因截彎取直的緣故廢線，以經過山里站和山里隧道群的新線取代。長14.8公里的中興改線段，是東拓工程中最大規模的廢線。

歷史沿革

　　對於許多旅行者來說，位於後山的花東線一直是環島鐵路中公認最美麗的路段，有人喜愛她沿線的純樸風光，有人則愛東線列車緩慢的步調，但在這條美麗的鐵道背後，蘊藏著許多東線鐵路的開發史。除了北端的花蓮港之外，南端由鹿野一路到台東海岸的路線也是幾經更迭。

　　台東線的全通分三個階段。花蓮港至玉里於1917年（大正6年）通車，雖然因經費不足而先鋪設762mm軌距鐵道，但沿線路基、橋樑與隧道預留1,067mm之規格，以便日後改善。1921年起，工程繼續往南，但已無經費維持標準。1922年4月，鐵道部收購台東開拓會社台東至里壠（今關山）的輕便鐵道。這條在1919年就通車的糖鐵，當時為台東製糖會社經營。1926年1月，剩下的玉里至里壠終於接通，台東線全長171.8公里。窄軌系統運輸相當受限，尤以先天不良的南段嚴重，直到1980年，北迴鐵路完工之後，台東線才終於拓寬為1,067mm軌距。

48

↓台東站到舊台東站間的路線在廢除後改為舊鐵道路廊自行車道，可連結市區景點和卑南文化公園。鐵道未撤去的自行車道，其實對外來遊客也具有教育意義。攝影／古庭維

→1945年美軍測繪的台東地圖。東線鐵路由鯉魚山北側進入市區，圖中還能看到站內的三角線及台東海岸線。這樣的輪廓在今天依然存在。

台鐵幹線改線段（中華民國時期）

← 稻葉是「中興改線段」舊線的第二個車站,頗富日式風味的站名後來被改為嘉豐站。此站是折返式車站,原先還保有清楚的站場遺跡,如今因為數次整地,已經全然看不出車站樣貌,只能從附近民宅的舊門牌推知當年東線火車就是在這氣喘吁吁地爬山。攝影/古庭維

在1982年東拓工程完工後改稱花東線,不但更改軌距、改善路線標準之外,全線更縮短為162.2公里,因而留下許多改線路段的遺跡。其中從鹿野經過中興、初鹿、檳榔14.8公里的「中興改線段」更是東拓工程中最長的改線區間。這段路線由鹿野站南方開始,跨過鹿野溪大橋前是中興招呼站舊址,遺跡已不存。接著舊線邊跨越鹿野溪邊爬上南岸的河階台地,揭開這段越嶺路段的序幕。轉往西向順著路塹地勢,來到舊名稻葉的嘉豐車站,由於路線坡度大,嘉豐是一個折返式車站。繼續向上爬坡,路線漸漸靠近省道台9線,然後轉往南向前進。

台9線公路進入初鹿市區時,舊初鹿車站就設在現在初鹿國小的正前方,只可惜車站的主體並未保存下來,前些年來到這裡還可以發現站房的地基、階梯等遺跡,車站周圍的貨物倉庫也都還健在,不知何時舊初鹿站的站場已經闢建為公園了。或許當地政府可以仿效日本一些曾經有火車站的地方,在車站的舊址

↓舊東線時代,有非常多車站是這樣候車亭形式的招呼站,與公路巴士候車亭相似,是舊東線迥異於西部幹線的一大特色。中興改線段的中興和東成兩站皆為此型態,然而如今僅存在釋迦園中的東成站。攝影/古庭維

↑中興改線段舊線車站中，保存
最完整的是檳榔站。不但折返式
站場遺跡依稀可辨，站房、號誌
閘柄和蒸汽機車加水塔還完整保
存。在當地居民發起之下，老車
站慢慢整理成回憶舊東線的車站
公園。攝影／古庭維

樹立一座紀念碑，告訴後人這裡曾經擁有的鐵道故
事。初鹿的下一站是東成，當年和中興站一樣是只
有一個候車亭的招呼站，不過中興站已被拆除。

　　當台9線快要進入賓朗村前，舊花東線已經穿越
台9線到東側了，在檳榔國小附近的小路進入不久就
抵達了昔日的檳榔車站。檳榔站舊名「日奈敷」，
其實就是原住民語發音的「檳榔」，1922 年設站，
由於受到坡度的限制，檳榔站採用折返式的設計，
和前面的嘉豐車站一樣。東拓廢站後，站房成為民
宅而意外地保留下來。過了檳榔之後，舊線便順著
下坡彎向馬蘭、台東。東拓工程之後列車改經新設
的山里和卑南站，一氣呵成的山里隧道群（山里一
至六號及岩灣隧道）穿越景觀奇特的小黃山，不但
縮短了行車時間與距離，更為東拓之後的花東線鐵
路多了一處連續隧道的鐵道風景。卑南站在舊東線

←鹿野到台東新站之車票。台東新站已於2001年「真除」為台東站。典藏／古庭維

←由檳榔站至台東站的珍貴老車票。此車票底紋仍為日本時代之樣式,僅流通於戰後初期的幾年。典藏／林志明

時代並未經過,是東拓後新設立的,後來因為南迴鐵路的興建,作為分歧站而改名台東新站。在偌大的站場後方是因東拓工程而發現的卑南史前文化園區,或許沒有東拓工程,這個史前的人類文化遺跡也不會有重現世間的一天。

馬蘭站是昔日台東糖廠的所在地,糖廠在 1997 年停工之後,高聳的煙囪就不曾再冒出甜甜的白煙了。台東糖廠曾有自己的鐵道運輸系統,舊東線關山以南路段就是台東糖廠運輸鐵道網之中的一條路線,而台東線鐵路獨立出來後,在馬蘭站北方曾有台東線與糖鐵的十字交叉,是當年許多國內外鐵道攝影前輩喜愛取景之處。目前廠區中還停著早期的木造篷車與 762 mm 軌距的運蔗車,縱橫交錯的 762 mm 軌道也隨處可見。至於馬蘭站另一邊分歧出中油支線,也在此路段停駛後停用。在馬蘭站過後就是終點台東站,但在日本時代路線繼續延伸至台東海岸,在東拓工程結束後就拆除,只剩下短短兩百多公尺當作當年台東站內的調車線。

╱台東糖廠早已停止製糖,不過場區內保存多輛1,067mm軌距的木造篷車,非常珍貴。糖廠位在馬蘭站旁,過去糖廠鐵道和台東線站前十字交叉,也是舊東線鐵道「有點輕便、又不太輕便」的特色之一。攝影／古庭維

↓馬蘭站在1922年台東線通車時就已經設立,在2001年5月31日隨著當時台東到台東新站間路線廢止而裁撤。攝影／古庭維

↑舊台東站的老車庫，通車初期就已經建成，也是整個舊站區最珍貴的
鐵道遺跡。攝影／古庭維

從台東新站到舊台東的「盲腸線」，在2001年6月1日起正式廢止（馬蘭站之貨運至7月底結束），到了年底台東新站「真除」成為台東站。當初這段路線的廢除，著眼於鐵道影響市區交通，以及帶來的噪音問題；然而現今車站遠離市區造成民眾的不便，當時卻完全被忽略，且新站附近至今仍是相當偏僻，未出現特別的市區發展。遺憾的是，鐵路一廢之後，就是一去不回頭了。

路線現況

從鹿野到卑南這段中興改線段，由於兩端坡度較大，因此嘉豐和檳榔兩座車站設計為折返式。嘉豐車站除了還存在站場的痕跡，附近住戶門牌上的「稻葉站前」也讓鐵道迷莞爾。檳榔站由於作為民宅而保存下來，若仔細尋找還可以發現昔日的月台、為蒸汽火車加水的水鶴，甚至一輛東拓前使用的車輛殘骸，讓人不禁覺得這裡的一切彷彿是特意

↑舊台東車站過去是用三角線來進行車輛的調頭，只要依序順著三個邊跑一次就完成調頭工作。這樣的設計通常運用在產業鐵道，例如阿里山線的竹崎和二萬平站，台鐵舊台東站算是相當特殊的例子。攝影／古庭維

53

↑由舊台東站旁的鯉魚山俯看日本時代老車庫、加水塔以及三角線。車站廢止後，經過數年閒置，廣大的站區才又轉變為台東鐵道藝術村。攝影／古庭維

保留下來的歲月痕跡。近年來當地居民意識到這座舊車站的可貴，舉辦相關懷舊活動，也為鐵道舊線跡的保存注入活水。

　　此外舊線與省道台9線併行的路途上，可以陸陸續續發現許多遺跡，尤其是鵝卵石橋台與水泥函洞，許多舊線橋樑函洞遺跡就在公路旁不起眼的地方。在美濃村活動中心後方有一個類似公車候車亭的建築物，那就是東成招呼站。早期東線的招呼站都有像這樣子的候車亭，小小的建築物給乘客遮風避雨的地方，雖然是招呼站但是服務旅客的心卻絲毫不減少。

↓改建為舊鐵道路廊自行車道的太平溪橋。攝影／鄧志忠

東線的這些候車亭招呼站，在東拓後廢站，二十多年來如今只剩東成還沒被拆除。

　　台東站到舊台東站之間，目前已改建為自行車道。循自行車道往台東市區的方向，從馬蘭繼續往前，在進入舊台東站前右手邊可看見台東著名的鯉魚山，鯉魚山上的觀景台是俯瞰舊台東的最佳位置；舊車站內的木造車庫、三角線、轉車台與充滿古意的臂木式號誌機依然靜靜地設置在那裡。現在的舊台東站規劃為台東鐵道藝術村，雖以藝術之名延續車站生命，但將許多建築物大幅改建或裝飾的作法也備受爭議。往海岸的方向可以看出往台東海岸的舊路線，這段日本時代的海岸運輸鐵道在東拓工程結束後就拆除，只剩下短短兩百多公尺當作當年台東站內的調車線；若天氣不錯時在鯉魚山上甚至可以看見遠處海上的綠島，昔日的鐵道迷總是喜歡在這裡看著台東車站內的一切，如今就只能在照片或記憶中尋得了！

旅遊何處去

台東鐵道藝術村（舊台東車站）
1. 台東市鐵花路371號
2. 鼎東客運在台東站下車

檳榔站
1. 台9線北上在卑南鄉賓朗村賓朗路474巷右轉可抵達（村賓朗國小附近）
2. 鼎東客運在檳榔站下車

悠遊縱谷油菜花田
安通改線段

歷史沿革

　　台東線鐵路通車之後，因為運量低，一直維持 762 mm 軌距，路線標準遠不如其他台鐵路線。直到北迴線通車，構成環島路線一段的東線，終於進行了拓寬工程。東拓之後的花東線，雖已有許多路段也截彎取直，然而當年的東拓工程，終究經費有限，且以拓寬軌距為主要目標，未能將所有線形都加以調整。因此同為東部幹線的宜蘭線、北迴線相繼完成雙線化與電氣化時，花東線的改善也持續進行。其中改變最大者要屬「安通改線段」。

　　日本時代舊台東線規劃選線時，在玉里南邊遇到跨過秀姑巒溪的問題。可能由於架橋較容易，也可能因為安通溫泉之故，最後選擇了兩次90 度大轉彎，繞行經過安通的路線。從玉里經安通抵達東里，長 7.3 公里的路線，在東拓完成後的二十年，又面臨了改線命運。除了玉里東里間繞行安通太遠，更重要的原因是秀姑巒溪大橋橫跨斷層帶，斷層兩邊每年超過 1 公分的落差，導致大橋落成至2007年時已有 46 公分高差，危害行車安全。

↓安通改線段北起玉里，經過舊秀姑巒溪橋、樂合大彎道、安通站、舊東里站，於東里站南側接回路線。這是在東拓之後，花東線最大規模的改線路段。截彎取直之後，路線縮短3.1公里。

← 東里到玉里之車票。
典藏／古庭維

↑ 長良新線的客城一、二號橋，紅色大鋼樑拱橋在縱谷裡格外引人注目，成為玉里地區的新地標。攝影／古庭維

→安通舊線的秀姑巒溪橋，由於跨過斷層帶，第18、19號橋墩兩邊每年會有超過1公分的落差，東拓至2007年時已有46公分高差，危及行車安全，這也是改線的一大主因。攝影／古庭維

台鐵幹線改線段／安通改線段

　　為了解決日益嚴重的隆起問題，2001 年起鐵路改建工程局便將此區間列入「東部鐵路改善計劃」，並在 2004 年底就完成了路基、路堤、橋樑與新東里車站等土建工程。新線自玉里南邊分出，一路向南直行，較舊線縮短達 3.1 公里，全線複線區間。其中最受矚目的是客城一號及二號橋，紅色大圓拱的造型，在翠綠的縱谷間隔外醒目，也是台鐵橋樑樣式的一大突破。新線歷經經費短缺後，終於在 2006 年中再度開工，並在 2007 年 3 月 30 日清晨啓用。從此大彎道、長大橋樑以及安通站附近動人的田園鐵道風光，只能用照片來回顧。

路線現況

　　玉里經安通到東里的路線停用不久，如何再利用，一直是當地居民相當關心的話題。對於舊線跡的再利用，時下最流行的方法，就是改成自行車道。經過兩年餘的改建，2009年12月由廢止車站整建的「安通鐵馬站」開始營運。單車道起始於玉里站南側，終點則在安通站南1公里餘，並不能通到舊東里站。至於以觀光列車方式恢復行駛，受限於經費，加上此路段受民眾關注之程度遠不如舊山線，短期恐怕很難實現。

↑安通、東里一帶是縱谷景觀之經典。這裡的視野開闊，一畦畦的稻田，到了冬天時變身金黃色油菜花田。由舊東里車站遠眺新路線，欣賞列車經過油菜花海，遠方山谷間的高山，是海拔超過三千公尺的中央山脈主稜。攝影／古庭維

↑安通改線段的南端位在東里站南側，因此東里站也往西遷移。此工程由於遭遇經費問題，在車站、路堤和橋樑土建完成後，曾有很長一段時間遲遲未能鋪上軌道。攝影／古庭維

旅遊何處去：
玉富自行車道
1.攜帶自行車，搭乘台鐵在玉里站下車
2.搭乘花蓮客運在玉里或安通下車
3.駕車由台9線可抵達安通鐵馬站

順遊景點
源城虹橋（台鐵客城一、二號橋）
南安瀑布（玉山國家公園南安遊客中心）
安通溫泉

水•利 工程鐵道

03

在台灣大大小小的鐵道之中，除了構成環島鐵道的官線（後來的台鐵），遍布各地的產業、工業鐵道之外，還曾經存在為了工程需要而建設的鐵道。淡水線就是一個例子，其原始目的是為了作為縱貫鐵路的材料搬運用，但轉型為城市與郊區的交通線而存留至今。台灣歷史上非常重要的兩項水利工程──嘉南大圳與日月潭發電廠，也曾興築軌距1,067mm的工程用鐵道，但這兩條路線卻沒有淡水線幸運。烏山頭鐵道在工程結束後漸漸拆除殆盡，也逐漸被世人所淡忘；而集集線雖然現在紅透半邊天，但當初日月潭工程的偉大使命卻已不被民眾所認識。

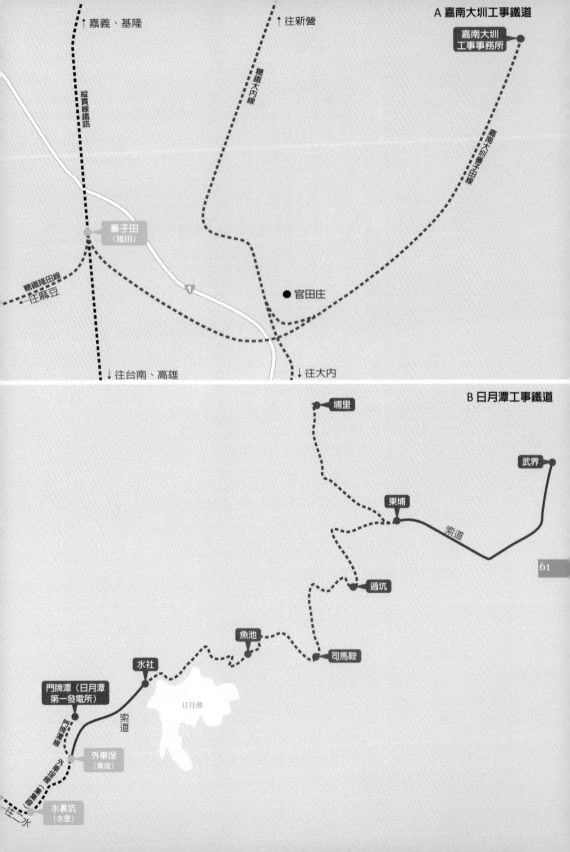

A 嘉南大圳工事鐵道

↑嘉義、基隆

↑往新營

嘉南大圳
工事事務所

縱貫線鐵路

糖鐵大內線

嘉南大圳番子田線

番子田
（隆田）

糖鐵隆田線
←往麻豆

●官田庄

↓往台南、高雄

↓往大內

B 日月潭工事鐵道

埔里

武界

東埔

索道

過坑

61

魚池

司馬鞍

水社

門牌潭（日月潭
第一發電所）

索道

日月潭

外車埕
（車埕）

水裏坑
（水里）

往二水

恩澤千萬人
嘉南大圳工事鐵道

歷史沿革

　　翻開嘉南地區旅遊書，從早期到現在都會介紹到「烏山頭水庫」這個旅遊景點，又名珊瑚潭的烏山頭水庫，湖面地跨官田、六甲兩鄉，由三十幾條大小溪流匯聚而成，蓄水量達1,300公頃，潭廣水深，環繞著一百多座小島與半島之間，以其秀麗、靜謐的湖光山色名聞遐邇。事實上烏山頭水庫與其水圳——嘉南大圳，是支持嘉南平原農業灌溉的重要建設。

↓嘉南大圳工事鐵道最主要的路線是番子田與曾文溪線。番子田線由縱貫線上的番子田（今隆田）分歧，繞一個半圓抵達烏山頭的「嘉南大圳工事事務所」，距離水庫大壩所在地不遠。曾文溪線主要任務是搬運興建壩堤用的土石，其路線與新營糖廠的大內線併行，又與番子田線在官田庄南邊立體交叉，番子田線在上，曾文溪線在下，兩線之間以另一條路線聯絡。

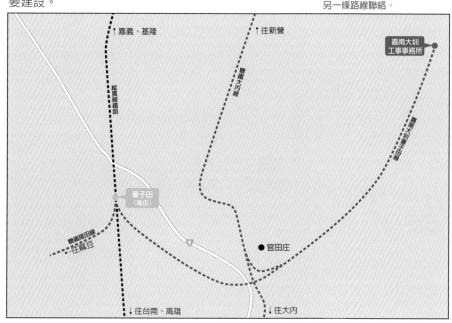

↓烏山頭水庫於1930年4月10日完工蓄水，由於該地區丘陵密佈，稜線分支複雜，水位上升之後，潭水如迷宮狀，從空中看有如珊瑚，故又名珊瑚潭。攝影／古庭維

水利工程鐵道／嘉南大圳工事鐵道

嘉南大圳鐵道烏山頭線

※印ハ客車ヲ連結スズ

下	列車番號	番子田發	烏山頭著		上	列車番號	烏山頭發	番子田著
	1	8.35	6.00			2	6.15	6.40
	3	8.16	8.35			4	8.50	9.15
※	5	11.35	12.00		※	6	12.25	1.50
	7	3.00	3.25			8	3.50	4.15
リ	程哩	番子田ヨリ	4.5		リ	區間哩	烏山頭ヨリ	4.5
	三等賃金	番子田ヨリ	……				烏山頭ヨリ	……

↑1925年（大正14年）嘉南大圳鐵道烏山頭線的列車時刻表。烏山頭線即番子田線，由番子田（今隆田）通往烏山頭，是嘉南大圳鐵道眾多路線中存活最久者，在水庫和大圳竣工通水後，仍繼續肩負著烏山頭與縱貫線的連絡工作。由於此路線並非營業線，因此客運部分應該是提供便乘服務而已。典藏／林志明

←番子田線（約呈東西向）與曾文溪線（約呈南北向）立體交叉，兩者以「聯絡線」相銜接。不同單位之鐵道互相連接、交叉跨越，甚至不同軌距匯合併用，這塊區域可說是台灣鐵道王國的代表。

←德國亨希爾製的4軸56噸機關車，編為嘉南大圳工事鐵道的A型，為1,067mm軌距，總共有12輛之多。在1940年代新高港（今台中港）築港工程時也被送去作為工程鐵道之用，戰後僅存兩輛，台鐵編為DK500型。由於身世曲折，可說是相當神祕的一款火車頭，不過在許多相關工程照片中，已詳實記錄了其運轉之情況。圖取自嘉南大圳工事寫真帖

　　日本時代的「嘉南大圳工事」，由日籍技師八田與一（Yoichi Hatta,1886~1942）規劃設計，工事所及範圍甚廣，灌溉渠道北起濁水溪流域，南至二層行溪流域；位在烏山頭的水庫更是最艱鉅的部分，除了長達1,273公尺的大壩，還包括長3,122公尺的烏山隧道，將曾文溪的水源引入水庫，無論古今都是一項相當浩大的水利工程。才三十多歲的八田技師，看準了烏山頭地區適合以「半水力沖淤式土石壩」興建水庫，但其規模卻是世上前所未見，在歷經各種挫折及與美國專家的辯論後，終於完成了聞名土木學界的「八田壩」，當時是東洋最大，

↓日本車輛會社承造的2軸10噸機關車通過官田溪鐵橋，此型車輛編為嘉南大圳工事鐵道的C型，共有2輛。另外由汽車會社製造的2軸13.5噸機車，則編為B型，一樣有2輛。圖取自嘉南大圳工事寫真帖

也是世界排名第三的水庫。自1920年初起工，歷經十個寒暑，後於1930年4月10日告竣，從此嘉南平原的水田從五千公頃增加為十五萬公頃。當地人為了感念八田與一的貢獻，設立一座坐姿銅像，也象徵八田先生平時待人和善不擺架子的個性。

而為了完成這項水利工程，施工單位也修建專用鐵道，先後達13條路線之多。由於配合工事需要鋪設，因此路線起迄點隨工程而改變，通常也隨工事完工而拆除，唯有其中的番子田線存在時間最長。起點位於縱貫線番子田站（今隆田）後方的番子田線，是工事時期的聯絡線，終點設置於烏山頭水庫，全長7.2公里，1934年拆掉部分路段，剩下6.2公里一直存活到1960年代，改由當時的新營糖廠代管。另一條重要的路線是軌距1,067mm、與糖鐵大內線併行的曾文溪線，長達16公里餘，是為了搬運大內附近適合進行大壩工法的土石所建。

由於工事鐵道有762mm及1,067mm兩種軌距，因此番子田線採用三軌併用區間，方便列車運用，除了可於番子田站（今隆田站）連接1,067mm軌距的縱貫線，762mm的部分則連接新營糖廠的大內線，以及穿過縱貫線下方函洞連接隆田前站的麻豆糖廠隆田線。如今這座磚造函洞依然存在，只是積水盈尺。至於與番子田線立體交會的大內線和曾文

←八田墓園建立於政府仇日的戰後初期，銅像則在八田與一生前即鑄造完成。依其本人意願設計為坐姿，也代表他平時待人和善不擺架子的個性。戰後當地居民恐銅像遭到仇日的中國移民破壞，因此將銅像卸下祕藏，數十年後又被發現，物歸原位。如今除了每年的5月8日舉辦追思會，平時也會有民眾主動前來供奉鮮花。攝影／古庭維

溪線，另外也設有聯絡線相連。番子田線除了運送工事所需建材之外，也有便乘的服務，方便當地居民搭乘。開辦便乘營業後，「公共埤圳嘉南大圳組合」陸續添購客運汽油車4輛。

除了搬土車和汽油車，這個工事鐵道系統的機車群更是陣容完整，總共達17輛之多。其中12輛為1,067mm軌距之蒸汽機車，這批四個動輪軸的機車，活躍於番子田及曾文溪兩線上，負責牽引工程列車赴曾文溪畔搬運大量土石。大圳工事結束後，大部分1,067mm軌距的工事路線拆除，這批蒸汽機車轉至新高港築港（台中港）工事現場繼續服役，其中2輛更在戰後被台鐵收編為DK500型機車，但此時期照片極少，是富有傳奇性的神祕車輛。

嘉南大圳完工後，鐵道也漸漸撤去。由於八田與一是當時最傑出的水利工程專家，受政府徵召前往菲律賓進行調查，卻不幸於1942年5月8日在九州海域遭美軍潛艇擊沉而罹難。數年後日本戰敗，國民政府強迫部分在台日籍人士遣返，將烏山頭視為故鄉的八田夫人外代樹不願回國，選擇跳入亡夫親手設計的大圳送水口，永遠跟隨著八田與一。嘉南大圳不但留下千古詠傳的淒美故事，更成就了永世豐沃的嘉南平原。

↓由水庫渠道的開鑿工事圖中，可以看到不同軌距路線並列，以及大小不同的蒸汽機車。圖取自嘉南大圳工事寫真帖

↘轉倒式土運車操作倒土之情形。由於八田與一調查發現，大內一帶曾文溪畔的土石，最適合用於半水力沖淤式土石壩之興築，因此以軌距1,067mm的土運車搬運原料。圖取自嘉南大圳工事寫真帖

→日本車輛製的2軸「C型」蒸汽機車，是嘉南大圳工事鐵道唯一保存下來的車輛，相當珍稀。火車頭過去放置於風景區外，後來才移至八田墓園旁。攝影／古庭維

路線現況

　　嘉南大圳工事鐵道已全部拆除，但在省道台1線以東聯絡嘉南村與官田之「南117號公路」與嘉南村裡的「南116號公路」西側路面皆是昔日之鐵道路基；台1線以西至隆田後站則是保留當時鐵道路基路幅，是一條景致純樸的鄉村小徑，其漸漸往北彎曲向縱貫線靠攏的線形還是具有些許鐵道風味。當年工程用的車輛，如今僅存日本車輛製的2軸10噸機關車，陳列在風景區內的八田墓園旁。

　　筆者幾年前造訪烏山頭下的嘉南村，偌大的空地具當地人表示是昔日的烏山頭事務所遺址，舊時的機關庫與車場則座落在遺址南側空地上。而這座著名的大壩，歷經數十年來多次的風災與水災，仍然屹立不搖。在大壩北端不遠處是八田墓園，銅像歷經政府仇日的時代，曾被當地人藏起來以免受到破壞，如今安祥地坐在日式墓園中。每年的5月8日，嘉南農田水利會都會在此舉辦追思會。

　　由於嘉南大圳對台灣農業有卓越貢獻，八田與一的故事感動人心，2005年成立的「西拉雅國家風景區」，便將管理處設於烏山頭（現已遷至關子嶺）。目前風景區正積極整修八田故居，將提供更完整的歷史之旅。2009年，以烏山頭水庫為題材的動畫電影「八田來了！」，雖以兒童勵志為主軸，但細心重現各種工程鐵道車輛運作情形，是舊鐵道以動畫完整呈現的頭一遭。

↓縱貫線隆田站東側的小路，自車站開始緩緩彎離鐵道邊。其實這條路的前身正是嘉南大圳工事鐵道中的番子田支線，順著路走，跨過省道台1線之後就是南117鄉道，現在是通往烏山頭水庫的要道。南117鄉道終點處的大空地，就是過去工程事務所、火車站以及機關車庫所在地。攝影／古庭維

67

水利工事鐵道 ｜ 嘉南大圳工事鐵道

旅遊何處去
烏山頭水庫風景區
全票200元，半票120元
1.搭乘新營客運「白河＝嘉南村（烏山頭水庫）＝台南」路線。
2.搭乘興南客運「台南＝新市＝烏山頭水庫」路線。
3.國道三號下官田／六甲交流道後依指標前進。

順遊景點
西拉雅國家風景區

03 B

路線資料
台灣電力株式會社門牌潭線外車埕＝門牌潭：1923年通車，軌距1,067mm

台灣工業現代化之母
日月潭工事鐵道

歷史沿革

　　眾所皆知，集集線的興築，是作為日月潭發電廠工程的材料搬運之用。然而不論發電廠或日月潭，距離水里和終點站車埕都還有一段路，一般的旅遊安排也很少將兩者合併，搭乘集集線的遊客其實無法理解鐵路和日月潭之間的關連。

　　九十多年前，半官半民的台灣電力株式會社在1919年（大正8年）成立，著手進行日月潭水力發電工程，希望利用日月潭與其西方的門牌潭，有著海拔320公尺的高差來發電。由於日月潭沒有水源，卻

↓一般民眾對日月潭的印象僅止於湖光山色，實際上日月潭是一座規模極為龐大、對台灣影響深遠的發電廠水庫。日月潭的水源來自濁水溪上游，經由武界隧道越域引水，再下放至門牌潭進行發電。為了進行工程，台灣電力株式會社興建了外車埕線及門牌潭線的鐵道。門牌潭線主要負責發電所的物資搬運，而外車埕則是日月潭、武界壩工程物資的轉運站，其間利用架空索道和電力輕便鐵道連絡。電力鐵道長達50哩，盤旋於魚池鄉司馬鞍、東埔之間的山區。

68

↓日月潭是台灣最有代表性的景點之一，但國內外遊客來此，一般都只注意山與水的自然景觀。事實上有關日月潭的由來，與其所肩負的國家使命，都是不可忽略、且非常精采的人文景觀。自然風景處處有，但歷史過往不能取代，將人文色彩融入，才能創造日月潭不可取代的價值。攝影／古庭維

水利工程鐵道／日月潭工事鐵道

←日月潭發電廠規模浩大，藉由鐵道、索道、電氣軌道的串聯，在複雜的地形中完成了越域引水的發電廠工程，也奠定了台灣的工業發展基礎。圖取自日月潭水力電氣工事計畫概要

←1923年鐵道年報的路線圖，由外車埕至門牌潭的路線仍在興建中。綠色代表「私營鐵道營業線」，紫色則代表專用鐵道，門牌潭線僅作為發電廠工程材料搬運用，未對外營業。

有流出的河流，因此除了興建發電所，為了增加水量，整個工程還包括水社壩、頭社壩以及武界壩、武界隧道。其中武界隧道長達15公里，將濁水溪上游水源引入日月潭。這些日月潭周邊的工程進行時，曾經使用過總長達50哩的電氣化工事鐵道，1932年時共有42輛電力機車，規模龐大。電車的電力則來自1921年首先竣工，位在今國姓鄉境內的北山坑發電所。

遭遇一次大戰後以及關東大地震造成的不景氣，日月潭歷經數年停工，直到1931年才復工，並發揮極高的施工效率，終於在1934（昭和9年）年通水，10月28日在台北鐵道旅館舉辦竣工祝賀大會。由於台灣持續缺電，此日月潭第一發電所完成後，1935年第二發電所開工，在1937年竣工，是利用第一發電所的尾水進行發電。日月潭發電系統完成時，其發電量就佔了全島所有電廠的一半，可見其重要性。戰後兩座電廠分別由蔣介石和蔣宋美齡命名為大觀及鉅工電廠至今。日月潭發電所對台灣工業發展影響極深遠，直到戰後初期，都還是台灣最主要的電廠。

由武界隧道引濁水溪水源開始，經過日月潭，再到門牌潭，這項工程的規模極為鉅大，是當時世界上最龐大的工程之一。為了運送相關機具以及材料，台灣電力株式會社於1919年開始興建由二水至外車埕及門牌潭的鐵道。在這條與官鐵同軌距的鐵道完成前，相關物資曾暫時使用當地的製糖台車道來運輸。1922年1月14日，由二水至外車埕的「外車埕線」開

→1922年時，日月潭工事用的電氣台車，是全台灣第一條電氣化的鐵道。感謝古賀正德先生提供此珍貴寫真。典藏／林柄炎

始營運，總長18.4哩，是一條營業線。在日月潭復工之時，為了獲得資金繼續建設，這條鐵路在1927年（昭和2年）由鐵道部收購並更名為集集線，原有的6輛蒸汽機車也分配至新成立的二水機關車庫。

由外車埕至門牌潭的專用線在1923年完工，稱為門牌潭線，長1.7哩，等於是集集線的延長。由外車埕站出發，一出站即通過第一隧道，隨後沿著水里溪的西岸向上游前進，沿河谷繞了將近一個半圓之後，進入峽谷地形，通過三座隧道與水里溪鐵橋之後，抵達終點門牌潭。相對於外車埕，門牌潭就是內車埕，是發電設備的所在地。至於鐵路、日月潭、武界壩之間是如何銜接呢？其實是由外車埕開始，經由索道、電力台車、索道的接駁，翻山越嶺長達數十公里。

日月潭纜車在2010年4月起正式營運，可由伊達邵搭乘至九族文化村觀山樓。其實纜車（索道）也是日月潭工程中，不可或缺的一環。目前集集線的終點車埕，已納入日月潭國家風景區之範圍，相

↑跨越水里溪的鐵橋，建於1920年，雖然已改為一般道路使用，但鐵道風情卻絲毫未減，並且老當益壯。攝影／古庭維

↓在整個日月潭建設的工程裡，纜車（索道）是不可或缺的一環。日月潭纜車已於2010年4月正式營運，相關單位正積極規劃，興建車埕至日月潭之纜車。集集線與日月潭再度有了連結，當年的運輸動線也將重現。攝影／古庭維

關單位亦積極規劃，將纜車線延長至車埕。當年的運輸動線即將重現，集集線與日月潭的連結也將重新開啟。日月潭之美，不單只有山水風光，人文深度才是無可取代的核心價值。

路線現況

發電廠完工後，門牌潭線拆除改為一般道路，後來演變為131縣道。1980年代，明湖、明潭兩座抽蓄電廠陸續興建，分別在門牌潭及下游約4公里（即車埕站旁）處興建水壩，131縣道改線西移。1993年明潭水庫完工蓄水，淹沒了一部分繞行河谷的舊線跡，不過靠近電廠的部分至今仍為車道。至於當年盤旋繞山的電力台車軌道，部分改成一般道路，僅殘存極少遺跡。

門牌潭線的第一隧道已因大壩工程消失，第二隧道則已崩毀。第三隧道保存完整，即被稱為「大觀古隧道」的知名景點，石砌隧道口保存完整。由於曾作為公路使用，這座大觀隧道東口還留著號誌燈，很有懷舊風情。過了第三隧道，舊線跨過水里溪，是一座四孔的上承式鋼鈑橋，觀察鋼樑側面的銘板，四座鋼樑皆是1920年由大阪汽車會社所製造。如今這些大正時代的鋼樑老當益壯，仍繼續使用中

老鐵橋的另外一端是大觀電廠的後門，目前電

↑門牌潭線終點處的空地，實在還頗有調車場的「神韻」。攝影／古庭維

↓門牌潭線第四隧道北口旁的大石壁，由於造型貌似墓碑，因此地名稱為墓碑潭。後來由於名稱不雅，因此改為門牌潭。攝影／古庭維

↑車埕站是集集線的終點,卻是探訪整個日月潭工程的起點。止衝擋前結構堅固的混凝土橋樑,也是此處並非真正終點的提示。攝影／古庭維

↑集集線造型特殊的木造客車,擁有高聳的二層屋頂以及魚雷型通風管。此車輛推測是台電時期開始使用,隨著鐵道一起轉賣給鐵道部。典藏／古庭維

廠推廣觀光化,因此只要登記姓名、車牌即可進入。進入廠區,第四隧道即出現在眼前,而且單線管制的號誌燈仍在使用呢!第四隧道長度很短,中間卻有一個避車洞。

出了這座第四隧道,左側的大岩壁狀似墓碑,為地名墓碑潭之由來,因名稱不雅而改為門牌潭。再向前就是終點站,平坦的空地,車場規模依稀可辨。在鐵路終點不遠處,就是歷史悠久、造型典雅的大觀電廠,五根大水管從天而降,然而這僅是整個發電系統中的一小段而已。走一趟發電廠舊鐵道之旅,也體驗了日月潭工程的偉大。

水利工程鐵道／日月潭工事鐵道

旅遊何處去
大觀發電廠
免費參觀
車埕文史導覽專車
逢假日行駛,全票80元,半票50元
1.搭乘台鐵列車至車埕站下車。
2.由名間經台16線省道至水里後轉131縣道。

順遊景點
日月潭國家風景區
車埕木業展示館
台鐵集集線
明潭水庫
明湖水庫
二坪冰店

盛極一時的

港都

04

鐵道

鐵道與港口的轉運模式，清代台灣第一條幹線鐵道興建時就已存在。當時大稻埕的河溝頭，承接劉銘傳主政時各項建設的物資，可說是台灣首次西化的發祥地。縱貫線在1908年通車，串聯了基隆到高雄的西部路廊，也成就了台灣主體意識；而兩端的基隆港及高雄港，自然就成為國家門戶，也是台灣近代化發展的開端。因此，在一南一北的兩個港都，綿密、複雜的港口鐵道網絡，對於台灣百年來發展的貢獻，有不可遺忘的重要性。

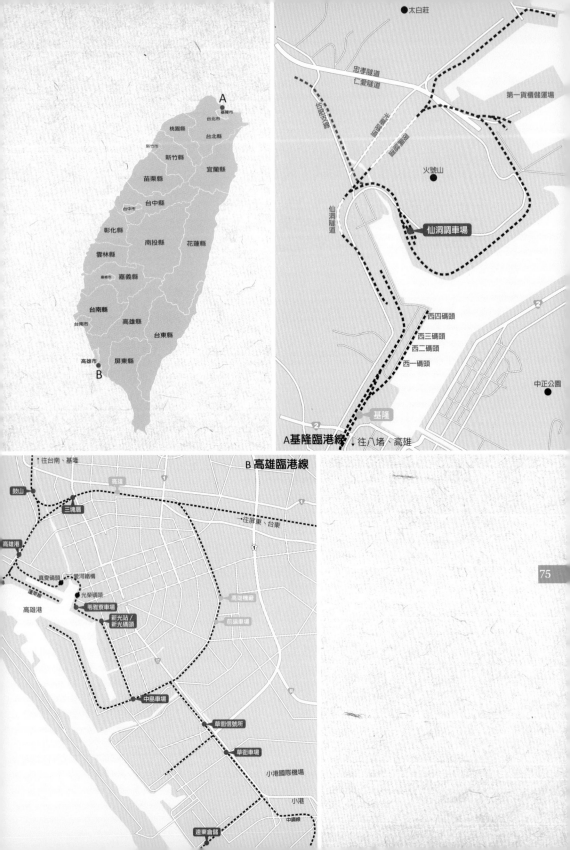

A

太白莊

忠孝隧道
仁愛隧道

第一貨櫃儲運場

火號山

仙洞隧道

仙洞調車場

西四碼頭
西三碼頭
西二碼頭
西一碼頭

中正公園

基隆

A基隆臨港線 ↓往八堵、高雄

基隆市
台北市
桃園縣
台北縣
新竹市
新竹縣
宜蘭縣
苗栗縣
台中市
台中縣
彰化縣
南投縣
花蓮縣
雲林縣
嘉義市
嘉義縣
台南縣
台南市
高雄縣
台東縣
高雄市
屏東縣

B

↑往台南、基隆

B 高雄臨港線

鼓山

三塊厝

高雄

往屏東、台東

高雄港

真愛碼頭
愛河鐵橋
光榮碼頭
苓雅寮車場
新光站／
新光碼頭

高雄港

運河線

高雄機廠

前鎮車場

中島車場

草衙信號所

草衙車場

小港國際機場

小港

遠東倉儲

中國線

75

台灣頭雨港鐵枝路
基隆臨港線

↓基隆臨港線由於腹地狹窄，除了有兩座隧道之外，臨港線和台肥線還形成十字交叉。在復興隧道完工之後，路線形成環狀，是臨港線的全盛時期。

歷史沿革

　　基隆之所以為「台灣頭」，除了就地理位置而言是在台灣的北海岸，更重要的原因則是擁有一個機能完善的港口。最早在清代，基隆就有築港計劃，但卻因主導建設的劉銘傳離台而終止。日本時代，基隆港作為台灣對外的玄關，從1899年到1944年進行了五次築港工程；在第一次築港工程時，於1903年起，其貿易額就超越淡水成為台灣最大商港，1920年代時，基隆港的總貿易額已高佔全台一半以上。

　　隨著築港工程慢慢擴展，連接基隆車站的鐵道也不斷延伸，以加強碼頭貨品進出的輸運。牛稠港附近的港埠設施和鐵道在1920年代逐步完成，1925年設置仙洞調車場，1928年完成牛稠港碼頭路線的鋪設，現今基隆港的規模大致抵定。1931年9月起，靠近基隆車站的舊岸壁進

76

↓火車與船的對話，是港口鐵道最引人入勝的風情。而這樣的轉運機制，也是台灣近代化發展的開端。攝影／古庭維

←從這張1924年繪製的地圖，我們可以發現，基隆臨港線的十字交叉路線早在台肥支線興建前就已經存在，是為了運送經由索道從萬里崁腳來的煤礦。

→2008年是縱貫線通車的100週年紀念，基隆車站特地以廢棄枕木打造一支「縱貫線起點」的標示。不但代表了鐵道的起點，也是現代發展之發源點。攝影／古庭維

盛極一時的港都鐵道／基隆臨港線

77

←榖斗列車駛出仙洞隧道。仙洞隧道建於1920年代,全長155.16公尺,原本鋪設有複線軌道,但在基隆港業務大幅減少後,在臨港線末期僅剩下一條股道。攝影／古庭維

行築港工事,因此台日間定期客船改舶新岸壁,也就是鐵道繞過牛稠港和仙洞調車場之後的碼頭,該處也新設「岸壁取扱所」負責行李與貨物的轉運。

戰後,基隆港和臨港線鐵道繼續擴展範圍。1955年為了配合外港碼頭的興建,開始進行外港鐵道的興建工程,並於隔年5月完成,除了以一座鐵公路共用的復興隧道連絡外港,亦有路線由仙洞車場接通,使得基隆臨港線成為完整的環狀路線。除此之外,由仙洞車場通往台肥工廠的台肥線於稍早的1951年完成,此路線最著名之處在於和臨港線有十字交叉,台鐵自身的不同路線平面交叉僅此一例。雖然在紀錄中台肥線是戰後才通車,但其實十字交叉的路線在日本時代就已存在;目前在附近的通和市場,曾是台灣炭鑛株式會社的降煤場,煤碳來自萬里的崁腳,是以長達6哩的架空纜車來輸送。

↑機械聯動號誌樓中的閘柄與聯鎖盤,是一套相當複雜而古典的設備。此種技術在19世紀中葉就已經發明,雖然超過150年歷史,仍在許多地區廣為使用。如今在台灣僅有基隆、車埕(自竹南搬遷)及高雄港三站可以見到。基隆站的第一、第二號誌樓,雖然已被指定歷史建築,但仍未見相關推廣計畫,反而有拆除或搬遷之傳聞。攝影／古庭維

↓經過一百多年的發展,台灣頭基隆港周邊已經高樓林立。攝影／古庭維

78

↑基隆港西一到西四碼頭，是許多進口火車登陸台灣的地點，從蒸汽機車到最新的傾斜式電聯車，他們都是在這裡踏上台灣土地的。攝影／古庭維

　　基隆車站和臨港線還有一大特色，就是曾經擁有高達五座「機械聯動號誌樓」。號誌樓是一種將號誌與轉轍設備集中的管理方式，基隆臨港地區的五座號誌樓，都是利用機械聯動方式操作；這些號誌樓像是伸出許多手臂一般，能掌握整個站場各個進路的安全。這五座號誌樓中，第一、第二號誌樓控制基隆車站南北端的進出，第三樓控制臨港線的進出，第四樓位在仙洞車場的入口，第五樓則控制臨港線與台肥線的交叉口。這五座守護著基隆站和臨港線行車安全的號誌樓，隨著臨港線漸漸沒落而停用、甚至拆除，目前僅存一、二兩樓。也由於貨源不斷減少，基隆外港在2003年12月3日發出了最後列車。目前基隆港僅存通往西一至西五碼頭的路線，供國軍補給或是台鐵車輛進出口使用。

↓復興隧道的鐵軌已經撤去，目前完全沒有鐵道的痕跡。雖然如此，由於路幅仍不夠寬，因此復興隧道還是單向行車，只是多了機車專用道和人行道各一線。攝影／古庭維

←已被拆除的第四號誌樓，草叢中是基隆臨港線著名的「雙K道岔」所在地，後方則是廣大的仙洞車場。雙K道岔在國外頗為常見，然而基隆港雙K道岔最大的價值是在由號誌樓的機械聯動控制，宛如一座大型機械手臂的玩具。當然，這樣珍貴的古老設備，還是難逃一拆了事的命運，此處經過整平後成為大型連結車的停車場。攝影／古庭維

路線現況

　　在基隆外港的末班車開出後，基隆臨港線也卸下任務走入歷史。臨港線上有兩座隧道，鐵公路共用的復興隧道已拆除鐵軌，成為純公路使用；另一座位在牛稠港西側的「仙洞隧道」，則被指定為基隆市歷史建築，但如何再利用一直沒有定案。這座仙洞隧道全長155.16公尺、寬8.4公尺、高5.33公尺，是一座雙線隧道，也是臨港線繁華時代的代表，然而目前也已撤去鐵軌。

　　至於臨港線上相當有趣味及價值的號誌樓、十字交叉以及由四號樓控制的雙K道岔，都在鐵路停駛前就已被剷除，只剩下基隆站兩端的第一、第二號誌

↓復興隧道全長394.4公尺，在1956年通車，成為通往外港地區的捷徑，也使得基隆臨港線成為環狀。復興隧道是台灣唯一鐵公路共構的隧道，也是基隆臨港線的特殊景觀之一。攝影／古庭維

樓，雖也被指定為歷史建築，但其鐵線及導管等設備卻仍被砍除，令人惋惜不已。整個基隆臨港線，目前只到中山二路36巷的平交道為止，作為基隆站的拖上線，常常可見有電車停在該處。

　　基隆市區的鐵道，隨著港區的發展而成長，本身就是基隆市文化的一部分，既然整個基隆市的發展，與港口及鐵路是緊緊相扣的，那麼都市計劃就更應該仔細評估，不應將這個城市的任何一種元素從中輕易地剷除。期待未來的基隆市，能夠在將目前紊亂的交通狀況進行改造時，也能兼顧整個港區百年來獨特的文化風貌，樹立良好典範，如此才是長遠之計。

旅遊何處去
仙洞隧道
1.位於基隆市中山路與中華路口旁
2.搭乘基隆市公車在健民里下車
基隆站第一、第二號誌樓
位於基隆站內，不定期開放參觀。

順遊景點
陽明海洋文化藝術館
海港大樓

04B

路線資料
台鐵局高雄港第一臨港線高雄港＝前鎮＝高雄：1967年全通，軌距1,067mm
台鐵局高雄港第二臨港線前鎮＝中國鋼鐵公司線：1977年全通，軌距1,067mm

海洋都市鐵枝路
高雄臨港線

歷史沿革

　　高雄臨港線的建設最早起於1907年（明治40年）底，台灣總督府進行打狗港改良工程，不僅整建港埠設施，也從當時西部縱貫線南部終點打狗驛（現高雄港站）延伸興建臨港線鐵道，包括通往漁港的濱線以及商港的蓬萊線。濱線的日文發音「hama-sen」久而久之成為地名，此即鼓山「哈瑪星」之由來。1930年（昭和5年），鐵道繼續沿著港岸修建到苓雅寮一帶，擔負起當年打狗港的鐵道運輸，這條路線就是後來第一臨港線的前身。

　　1941年配合都市計畫，高雄站遷至現址，最初的打狗驛（1920改已改稱高雄驛）更名高雄港，並將西部縱貫線終點改至

↓高雄臨港線是台灣規模最大的港口鐵道，不但構成環繞整個市區的路線，還有早年的漁港線、蓬萊線，第二臨港線全長將近9公里，直抵重工業區。可惜政府之交通政策未能延續鐵道之價值，高雄港站於2008年12月16日裁撤，所有碼頭路線也已經全部停用。

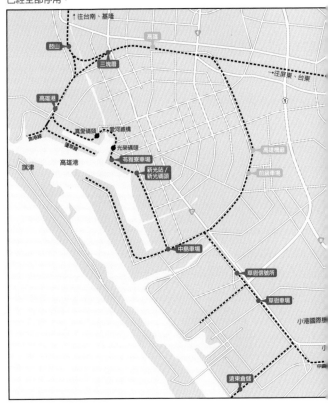

↑高雄港站曾經是縱貫線的終點站，同時肩負高雄港貨物進出轉運的機能，廣大的站場是其黃金年代的見證。遠方的紅色拱橋是公園路陸橋，堪稱高雄港站的地標。攝影／古庭維

↑1945年時，西臨港線已經修築到了今天的新光碼頭附近。鼓山、鹽埕埔的街廓與現在幾乎完全相同，圖中可見大公路和七賢路底都有跨過鐵道的陸橋，足見臨港線在日本時代就已經非常繁忙。這兩座陸橋如今僅存大公路橋。

↑1945年由美軍繪製的地圖，高雄港站的配置描繪得相當清晰。圖中的站房、月台和扇形車庫在大空襲後幾乎夷為平地，但扇形車庫由於還有1/3未被炸毀，繼續使用到了1990年才被拆毀，而放射狀的軌道和轉車盤則在捷運工程中拆除殆盡。

盛極一時的港都鐵道／高雄臨港線

新的高雄站，使得新縱貫線、舊縱貫線與1907就增建的鳳山支線（今屏東線），三者形成了三角線；另外同時也規劃新高雄至前鎮方面的臨港線，高雄環狀臨港線雛形漸漸形成。一直到了1967年（民國56年）元月，自高雄港分歧，經苓雅寮車場、中島車場、前鎮車場至高雄站全長13.072公里的「第一臨港線」全線通車，高雄環狀線的夢想終於實現。

隨著台灣經濟成長，高雄港進出港貨運量亦隨之增加，附帶鄰近臨港工業區的設立，從前鎮車場分歧，往小港草衙、中國鋼鐵公司線全長8.767公里的「第二臨港線」也於1977完工通車。另外從第一、第二臨港線上分歧出的工廠專用線、側線也大多在此時期鋪設。甚至到了十大建設鐵路電氣化工程，還延續高雄站的鐵路電氣化沿第二臨港線到達前鎮車場，成為少見的電氣化支線鐵路，此時的臨港線也與興盛的高雄港一起歷經了風光的年代。由高雄港至前鎮的這段第一臨港線，習慣上又稱為西臨港線，而由高雄站經前鎮通往第二臨港線的區間，則稱為東臨港線。

由於公路運輸的興起，加上貨源逐漸短少，鐵道的存在開始有了變化。首先是1988年中鋼側線停

↑高雄港站的北號誌樓，是全台灣最後一座機能完整的機械聯動號誌樓，也是非常珍貴的鐵道設備。號誌樓能集中管理站場的號誌及轉轍器，並以機械聯鎖盤來確保各進路的安全，可以說是火車站的塔台。攝影／古庭維

←台灣香蕉自日本時代即聲名遠播，戰後仍大量外銷日本。為了提升外銷香蕉之品質，3號碼頭的「香蕉棚」於1963年啓用，作為香蕉轉運及儲存之用。此轉運站之機能只發揮了兩年，就因32號碼頭的香蕉冷藏庫啓用而漸漸閒置。近年由於高雄市發展觀光，位在漁人碼頭旁的香蕉棚又搖身一變成為「觀海台」，是一處景觀頗佳的景點。攝影／古庭維

→在西臨港線全面停用前,由高雄港站往來臨港線的列車,已全部改由前鎮車場到發。不過由於2005年12月4日高雄捷運工地坍塌,使得東臨港線中斷,原已停駛貨列的西臨港線再度披掛上陣,臨時加碼演出。攝影/古庭維

用,使得第二臨港線縮減為5.18公里;再來是1995年11月8日,在民意基礎下,配合當時愛河整治工程而拆除屏東線愛河鐵橋,這一拆也砍掉了三角線的一邊,環狀線功能大受影響,也宣告臨港線鐵道的運轉需求不若從前。後來隨著高雄港市合一的發展導向,市政府逐年收回港區碼頭。2002年7月31日,發展最早的蓬萊港區、漁港區改為休閒娛樂導向的高雄漁人碼頭,歷史悠久的蓬萊線、漁港線也停用廢止;同年底配合高雄捷運工程,高雄港站的南號誌樓在來不及搶救之下遭到拆除,使得這近百年的鐵道建物也難逃臨港線衰敗的宿命。

除了本身重要性大不如前,對沿線居民造成的困擾,更是市政府堅決要剷除臨港線的一大要素。作為高雄站的貨運站,通往臨港線各處的列車大都在高雄港站編組和到發,但在縮減臨港線的政策下,從2005年10月20日起,這項工作移轉給前鎮車場負責,象徵著西臨港線和高雄港站即將走入歷史。然而12月4日卻發生高雄捷運中正路工地塌陷,東臨港線中斷不通,因此西臨港線只好暫時復駛,這段期間曾引起鐵道迷瘋狂追車,紀錄最後的西臨

↓搭乘嘟嘟火車繞高雄市一圈,能夠同時欣賞高雄的街景和港岸,是非常具有特色的城市觀光行程,可惜已經走入歷史。不論是鐵道或是自行車道,愛河橋都是西臨港線的重要景點。當年高雄市政府就是以元宵節活動鋪設人行道為由,使得鐵路中斷,台鐵也趁勢將西臨港線全面停用。如今許多騎車、散步至此的民眾,都會忍不住在橋上多欣賞一下。攝影/鄧志忠

盛極一時的港都鐵道/高雄臨港線

↑為了嘟嘟火車的營運而設立的新光站，配合碼頭景觀相當漂亮，可惜才三年就走入歷史，實在是非常短命。攝影／古庭維

港線貨物列車。當然，隨著路線復舊，很快地西臨港線又回歸平靜。

在貨運式微的今天，高雄港線只剩轉型客運一條路。臨港線原本僅有提供鐵路員工上下班的專車或是軍運需求的臨時客運，然而自1993年7月由鐵道文化協會舉辦臨港線環形列車參觀活動後，這條環狀鐵道的存在與觀光功能受到注意。此後陸陸續續配合節日與活動開行許多觀光列車，之後終於在2003年開行定期行駛第一臨港線的「嘟嘟火車」，為此也在臨港線上興建純客運用的新光站。這全國唯一的都市觀光列車，風光了一小段時間後，或許是主事者的態度與成本考量，魅力逐漸減低。結果在2006年配合元宵節活動，利用臨港線愛河橋鋪上木板供賞燈民眾行走，嘟嘟火車縮短為高雄＝新光之間；隨後再以民意為由，燈會後未拆除木棧道，順勢停駛嘟嘟火車，從此不僅高雄臨港線唯一的客運業務結束了，高雄港至前鎮的西臨港線也一起走入歷史。

在西臨港線停駛之後，高雄港站也失去營運的必要，因此在2008年7月之後，停放在高雄港站廣大站場的貨車漸漸清空。未來這一大塊地皮，如何兼顧歷史文化意義來進行都市更新、開發，都考驗著市政府的智慧。

路線現況

曾經具有相當規模的高雄臨港線，最末期前往

↓苓雅寮車場仍殘留許多鐵道以及號誌設備，若能妥善保養，將會是光榮碼頭最好玩的大玩具。
攝影／古庭維

碼頭之列車，僅有71、72碼頭遠東倉儲的穀斗列車，另外偶爾有前往隆成發鋼鐵廠、秦陽公司的待修車輛。現在由於穀斗列車也已停駛，且秦陽公司已搬遷，除非隆成發鋼鐵廠接到新訂單，才有可能出現列車行駛。換句話說，整個臨港線其實已經名存實亡。

　　而在西臨港線全面停駛之後，原本預計拆除全線鐵道，幸好經過搶救後獲得市長允諾保留。畢竟，鐵道的保留對水岸碼頭開發不會造成任何困擾與影響，相反地，臨港鐵道也是高雄發展歷史命脈的見證，自然與人文景觀並陳，才會創造更多元的觀光價值。然而，西臨港線改建為自行車道後，仍有許多路段的鐵道遭到拆除，或是以木板完全覆蓋鐵道，加上沿途解說板的設置不盡理想，雖然這條自行車道使用者相當多，但高雄市的臨港鐵道記憶，恐怕還是會隨著時間慢慢消逝。

↑當年抽中「金馬獎」的阿兵哥，都是由13號碼頭出海，因此在2005年10月30日移交給高雄市政府之後，改名為光榮碼頭。此處過去曾有高三層樓的弧形的倉庫，如今已經拆除乾淨，僅剩下弧形的鐵軌。攝影／古庭維

↖超過百年歷史的高雄港站，曾經肩負著南台灣貨運樞紐的重任，也是台灣經濟發展重要的推手。2008年11月9日，在發出最後一班活動列車之後，高雄港站終於步下舞台。偌大站場只剩下一列活動專車，顯得非常寂寞。

旅遊何處去
西臨港線自行車道
1.自行車道西端起點位在高雄市七賢路底。
2.搭乘高雄捷運在西子灣站下車。
3.搭乘高雄市公車在港口車站下車。
真愛碼頭
1.位在高雄市公園路與五福路路口旁。
2.搭乘高雄捷運在鹽埕埔站下車，徒步10分鐘可達。
3.搭乘高雄市公車在大成街口站下車，徒步5分鐘。
新光碼頭
1.位在高雄市新光路與成功路路口旁
2.搭乘高雄市公車在八五大樓下車，徒步5到10分。

順遊景點
鼓山輪渡站
高雄港史館
漁人碼頭
駁二倉庫藝術特區
玫瑰聖母院
高雄八五大樓

鐵道變身

鐵馬道

05

在台灣，或許因為地狹人稠，鐵路停駛後，原有路線往往改為一般道路使用。近年由於單車風潮興起，自台中的東勢線舊跡改建為自行車道後，全台灣各地群起效尤，紛紛將許多舊鐵道改建為自行車道。現今由廢鐵道改建的自行車道相當多，各有特色，雖然火車不再出發，鐵道的精神卻以另外的方式延續下去。台中縣境內先後有三條廢鐵道改建為自行車道，景觀變化豐富，周邊相關機能完善，且沿線大多與一般道路立體交叉，是眾多單車道中，足以為模範的三條路線。嘉義的嘉油鐵馬道，前身是中油支線，雖然設施並不完整，但仍是值得探訪的歷史之路。

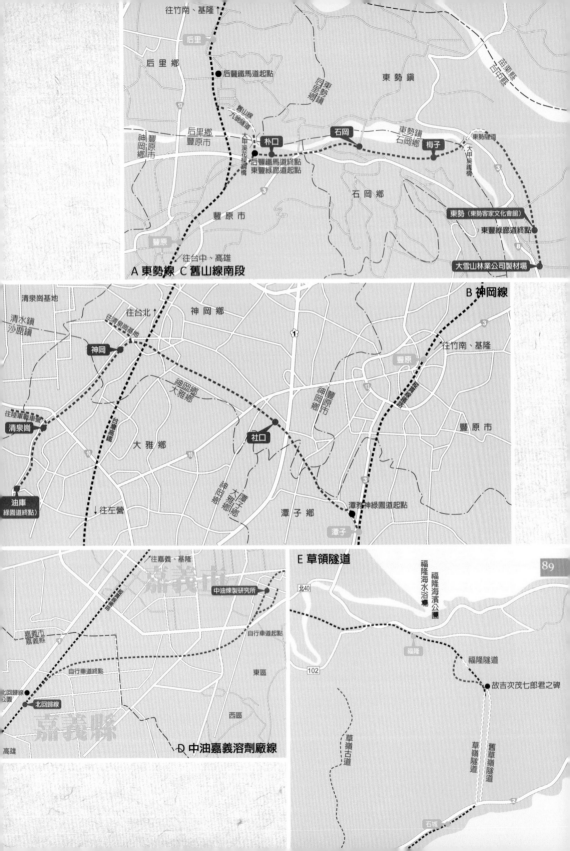

A 東勢線 C 舊山線南段

往竹南、基隆

后里一

后里鄉

東勢鎮

后豐鐵馬道起點

苗栗縣
台中縣

后里鄉
豐原市

神岡鄉

舊山線
九號隧道

大甲溪花樑鋼橋

后豐鐵馬道終點
東豐綠廊道起點

朴口

石岡

東勢鎮
石岡鄉

梅子

東勢隧道

大甲溪鐵橋

東勢鎮

石岡鄉

豐原市

3

東勢（東勢客家文化會館）

往台中、高雄

3

東豐綠廊道終點

6

大雪山林業公司製材場

B 神岡線

清泉崗基地

往台北

神岡鄉

往竹南、基隆

3

清水鎮
沙鹿鎮

1

豐原

潭雅神綠園道

往潭雅軍機場

神岡

神岡鄉
大雅鄉

神岡鄉
豐原市

往隆軍機車營

台灣鐵

清泉崗

社口

豐原市

油庫
（綠園道終點）

大雅鄉

10

神岡鄉
大雅鄉

10

往左營

潭子鄉

潭雅神綠園道起點

潭子

D 中油嘉義溶劑廠線

往嘉義、基隆

嘉義市

中油煉製研究所

縱貫線鐵路

嘉義市
嘉義縣

自行車道起點

東區

北回歸線
公園

自行車道終點

北回歸線

西區

嘉義縣

高雄

E 草嶺隧道

89

北40

福隆海濱公園
福隆海水浴場

福隆

福隆隧道

102

故吉次茂七郎君之碑

草嶺古道

舊草嶺隧道

草嶺隧道

往石城

大甲溪畔綠廊道
東勢線

歷史沿革

　　台中的東勢鎮是一個純樸的客家庄，因位居台3線與台8線交會的要衝而顯得繁榮熱鬧，市區依大甲溪畔的山坡而建，山城風情讓人印象深刻。除了生產水果之外，大甲溪上游一帶森林蘊藏豐富，台灣三大林場之一的八仙山林場，在1915年開始生產，東勢是入山前最後的城鎮，自然成了林業發展的玄關，也開啓了一段繁華歲月。

↓東勢線由豐原出發，一路往北與舊山線並行，到了大甲溪畔才向東彎出。東勢線於1991年9月1日起停駛，路線荒廢數年後，於2000年底改建自行車道，成為廢鐵道改建自行車道之先驅，結果獲得熱烈迴響。然而，沿線風光雖然已打響知名度，但鐵路能帶來的遊客和商機，終究遠比自行車還多，後悔已來不及。

↓東豐綠廊道不僅是鋪上柏油路面而已，與一般道路之交叉處大多已立體化，是真正的自行車專用空間。就這點而言，國內許多號稱自行車道的場地仍比不上。攝影／古庭維

東　勢　線		（下行）				
車次	區間　車站		豐原	朴口	石岡	梅子	東勢
431	豐　原－東　勢		5.36	5.42	5.48	5.55	6.03
433	豐　原－東　勢		6.46	6.53	6.59	7.06	7.14
⊙435	豐　原－東　勢		11.40	11.47	11.53	12.00	12.08
⊙437	豐　原－東　勢		13.28	13.35	13.41	13.48	13.56
439	豐　原－東　勢		15.01	15.08	15.14	15.21	15.29
441	豐　原－東　勢		16.17	16.23	16.30	16.36	16.44
443	豐　原－東　勢		17.29	17.36	17.42	17.49	17.57

東　勢　線		（上行）				
車次	區間　車站		東勢	梅子	石岡	朴口	豐原
432	東　勢－豐　原		6.12	6.20	6.27	6.33	6.40
434	東　勢－豐　原		7.20	7.28	7.34	7.40	7.47
⊙436	東　勢－豐　原		12.29	12.37	12.43	12.49	12.56
⊙438	東　勢－豐　原		14.01	14.09	14.15	14.21	14.28
440	東　勢－豐　原		15.36	15.44	15.50	15.56	16.03
442	東　勢－豐　原		16.49	16.57	17.03	17.09	17.16
444	東　勢－豐　原		18.02	18.10	18.16	18.22	18.29

註：⊙435、⊙436、⊙437、⊙438次逢週六行駛。

↑1990年1月1日版本的東勢線時刻表。停駛前夕的東勢線，平常日竟然只剩下清晨及傍晚的五往復。典藏／古庭維

←由東勢至豐原的名片式車票。
典藏／鄧志忠

戰後的1950年代，政府為謀求林業多目標之發展，提倡林業工業綜合經營，包括先進的製材技術與設備、木材多樣性產銷、提升林業之半產品，特別劃定八仙山事業區、大甲溪事業區及大安溪事業區部分林班，作為企業經營之示範點，而籌設大雪山林業公司。大雪山林場位在大甲溪右岸，與日本時代就規劃的林場不同之處，在於以卡車運送木材，因此未鋪設山地鐵道。當時八仙山林場雖然已幾乎砍伐殆盡，但1964年大雪山林業公司大製材場在東勢落成，又繼續維持了東勢林業的榮景。

↓在東勢線改為自行車道後，遊客逐漸增多，舊東勢車站也改為客家文物館。館內空間尚包括了原本第一月台的部分，空間運用改變不小。雖然此文物館之裝飾精緻，相當有質感，不過卻破壞了原本為人稱道的車站外觀。攝影／古庭維

↓位在田間的朴口站，僅設有長長的月台及避雨處。此地曾是林業鐵道豐原線與東勢線並行路段的起點，同時也是糖業鐵道銜接林鐵的地方。攝影／林志明

↑充滿綠廊風味的朴口站今貌。攝影／古庭維

　　對於大雪山林場產品的輸出來說，東勢線鐵路功不可沒。東勢線於1959年12月1日通車，由豐原出發，沿著大甲溪畔經朴口、石岡、梅子抵達東勢站，全長14.1公里。這條鐵路最大的用途除了運送大雪山林場的木材製品，還肩負達見水壩工程物資的搬運，鐵路通車之時，也是東勢地區的黃金年代。當時八仙山林場鐵道的平地段（豐原線）仍在行駛，從梅子到朴口之間還曾出現與東勢線並行的路段。

　　然而這般榮景並未維持太久，由於開採技術的進步，加速了林業資源的衰竭，僅十多年光陰，大雪山林業公司在1973年就結束營業而解散。於是東勢線的地位也一落千丈，加上公路運輸在此時正開始壯大，更加速了這條產業鐵道的衰敗。停駛前的東勢線已幾乎被居民遺忘，直到1991年8月31日，也就是東勢線的最末日，消失的記憶突然又被喚醒，熱情民眾在這最後時刻紛紛回籠，搶搭最後列車，然而第二天之後，絢爛再度歸於平靜，終究難逃消失的命運。

鐵路停駛後，相關設備並未立即拆除，鏽蝕的鐵軌與斑駁的枕木深埋在雜草中也近十年的光景，後來在台中縣政府的規劃下，這條東勢線轉型成了觀光自行車道，對於喜愛探訪舊鐵道遺跡的鐵路迷而言，這條鐵路無疑是一條入門級的踏查路線，連日本的鐵道迷都曾專程來台探訪，並發表於日本的鐵道書刊與雜誌上；而對於鐵道旅行者來說，東勢線舊線跡之旅也是一種另類的鐵道旅行。受到這條「東豐綠廊道」影響，往後也愈來愈多廢鐵道以自行車道的型態重生。自行車道成功吸引大批遊客後，地方上已有討論觀光鐵路之聲音，但鐵路一但停駛，就很難恢復。

路線現況

「東豐綠廊道」是全國第一條由廢棄鐵道改建而成的自行車專用道，於2000年11月15日完工開放，全長約十二公里，除了施設腳踏車專用道外，並

↑ 大甲溪橋是東勢線最為困難的工程，長達401公尺。大甲溪自古以來就是中部最險峻的河川，從當局決定興建大甲溪橋的決心，不難想見當年對東勢線的期待頗深。攝影／古庭維

↓ 東勢線由豐原開始一路爬上緩坡，不過在大甲溪的北岸地勢高出甚多，因此是以地塹連接隧道的方式穿過。攝影／古庭維

↑東勢線也有運送行李、包裹的業務。攝影／林志明

在車道兩旁實施綠美化，被稱為「綠色的大甲溪」，而與鄰近的藍色大甲溪相互輝映，成為台中縣假日休閒新景點，即使平日亦有為數不少的民眾前來騎車。這條自行車道的整體規劃完善，除了兩旁可供遮蔭的行道樹，與一般道路採用立體交叉以增加安全性。不過這也使得路面形成上上下下的坡道，騎自行車可真要費一番功夫。

　　東勢線起點位於舊山線上的豐原北號誌站，現在也成為自行車道起點。距離起點不遠的朴口站，紅磚月台依然存在，月台上的說明看板，娓娓道來舊朴口站的過往。鐵路鋪了柏油成為平坦的路面，走在昔日的舊東勢線上，兩旁盡是綠油油的稻田，

↓停駛前的東勢車站，廣大的站場更顯落寞。攝影／林志明

鐵道變身鐵馬道／東勢線

←石岡站的名產——狗骨頭枕木，據說是當時試用的新產品，顯然並未特別優秀，因此僅有石岡站保留，未在其他地方見過。攝影/古庭維

涼風輕拂面頰，真是一種獨特的感官享受。

　　再往前走抵達石岡車站，路面突然隆起了兩層樓高，原來這就是發生在1999年九二一大地震的元兇——車籠埔斷層，扭曲的鐵軌也成了地震紀念物。在鐵路營運的年代，石岡車站是這條支線上唯一的交會站，可惜木造站房並未保存下來，只留下月台與站場成為當地的休閒場所。鐵軌遺跡上的「狗骨頭枕木」，形狀特殊，也是石岡站著名的鐵道文物。

　　繼續往前，在通往大甲溪橋的彎道前，就是梅子站原址，不過車站原貌已消失。由此處可順道前往

↓1999年發生九二一大地震，豐原、東勢一帶受到重創，除了石岡壩斷層，舊石岡車站則有一半因斷層錯動而隆起，是大地震的歷史見證。攝影/古庭維

八仙山林鐵的梅子站舊址，目前是一處小公園。大甲溪橋則是東勢線的重頭戲，長達401公尺，溪底盡是湍急的大甲溪河水。這座鐵橋改建為自行車道後，又在2007年6月遭沖毀損壞，斥資整修成了現在有一段大拱橋的型態。自行車道一面過橋一面往上爬昇到對岸，迎接我們的是只有短短23.4公尺的東勢隧道，從隧道的地塹爬升上來，路線漸漸出現在一片果園中，終點站快到了。

　　東勢站的站場非常廣大，還有許多貨運倉庫，見證了繁華的過去。東勢站在九二一地震後曾是臨時國小的校地，目前已成為客家文物館，不定期舉辦活動。再往前走還有2.6公里的路線通往大雪山林業公司，不過這段鐵道屬於「大雪山林場專用側線」，也就是當年興建東勢線最大的誘因。以檜木搭建的大製材廠，原已準備開放參觀，卻不幸於2006年5月燒毀，成為東勢鎮的遺憾，也是全國的損失。

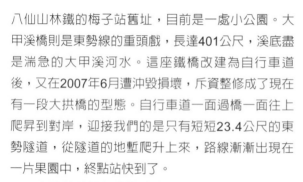

旅遊何處去
東豐綠廊道：
1.自台中車站或豐原車站搭乘豐原客運，往東勢班車，可於朴子口、石岡壩、東勢下車
2.由國道1號豐原交流道或國道4號豐原端下，由台3線（豐勢路）可抵達東豐綠廊道沿線各處
東勢客家文物館（舊東勢車站）
1.自台中車站或豐原車站搭乘豐原客運，往東勢班車，在東勢下車
2.經由台3線（豐勢路）可抵達東勢

順遊景點
石岡壩

05 B

路線資料
台鐵局神岡線潭子＝油庫：1957年3月5日通車，軌距1,067mm
台鐵局神岡側線：1999年7月1日停駛

穿越都會與田園
神岡線

歷史沿革

　　橫跨潭子、神岡以及大雅三鄉鎮的「潭雅神綠園道」，是台中縣境內第二條以廢棄鐵道再生利用的自行車道，它的前身就是神岡線。

　　神岡線其實是一條路權屬於軍方的軍用鐵道，在國軍口中又代稱為「陽明鐵道」，1957年（民國46年）3月5日竣工通車，在台鐵的支線鐵道年資中算是年紀非常輕的一條。當初建築這條支線的主要目的是運送清泉崗空軍基地、陸軍戰車部隊與海軍陸戰隊的軍用物資。1960年代越戰爆發，美軍考量當時台灣在東亞的戰略位置，於清泉崗附近設置軍用油庫來儲存戰備用油料，因此神岡線又多了支援美軍越戰所需油料的運輸任務。

↓神岡線由潭子站出發，路線型狀近似L形，轉折點位在與高鐵之交叉處，路線終點已幾乎進入中科園區。這條長達13.4公里的神祕軍用鐵道，在1999年完全停駛，受到東豐綠廊道成功的影響，橫跨潭子、神岡及大雅三鄉鎮的舊線跡，也改建為「潭雅神綠園道」，原本的社口、神岡及清泉崗三站改建公園。

↓神岡線通往清泉崗基地以及陸軍戰車營，是一條軍用路線，神秘的面紗讓這條路線默默無聞，最後也靜悄悄地停駛。攝影／鄧志忠

←神岡線現役時代的社口
站，是僅有兩股道的號誌
站。由號誌站的設立，也能
推測當年設計運量是相當大
的。圖中的平交道是神岡鄉
民族路。攝影／林志明

戰爭結束後，神岡線依然是運送清泉崗地區軍
用物資的重要幹線，在演習期間還常常可以看見軍方
在清泉崗站實施「上鐵皮」的坦克和軍車的裝卸任
務；不辦理客運業務的神岡線，在這時候客車也會隨
這軍列進入支線中，不過偶而也有載運國軍副食供應
站的蔬果、冷凍肉品的貨車出現。

神岡線通車之後，沿線設有社口號誌站、神岡
站、清泉崗站與油庫站，路線中還分歧通往空軍基地
與陸軍戰車營的側線。但一如其他地方鐵道，神岡線
的功能逐漸由公路取代。1992年6月30日，神岡線改
稱為「神岡及倉庫專用側線」，降等為潭子站的站內
專用側線，也是當時台鐵最長的一條站內側線。到了
1999年，這條長達13.4公里、戰後才建的軍用鐵
道，終於在7月1日起走入歷史。

從台鐵潭子車站北側向西分歧的神岡線，路線
形狀類似一個L型。由潭子出發，鐵道穿越車水馬龍
的台三線平交道後，便沿著潭子加工出口區的旁邊前
進。當年潭子加工出口區的設置讓正值經濟起飛期的
台灣賺進不少外匯，而其實這個加工區的前身是帝國
製糖的潭子工場，也就是後來的潭子糖廠，而製糖產

→社口號誌站的站房依然健在，可惜周邊並未有相關之解說設施。攝影／古庭維

業也是早期台灣重要的經濟基礎，兩樣身份同樣都為台灣的經濟奠定了厚實的基礎。

　　穿越國道一號函洞之後就是社口號誌站，這是為了交會列車而設計的中間站，可想而知當時的神岡線行車密度還是相當高的。這個號誌站除主線外只有設置一條側線，並擁有一座站房。繼續往前，到了與高鐵交叉處，路線開始大左彎，此處也是L型的轉角處，當鐵道左轉往南向之後，神岡站到了。在此還分歧出往空軍基地的側線。

↓神岡站的站場頗大，相關設施包括車站、月台甚至蒸汽機車時代之設備均保存完整，也成為人潮聚集的公園。許多老人家在此休息、聊天、欣賞高鐵列車通過。攝影／古庭維

由神岡站開始，鐵道漸漸爬高前往清泉崗，沿線是美麗的田園景觀，稻田加上幾棵檳榔樹，似乎與屏東線有幾分類似，有時空錯置之感。路線在穿越台十線（中清路）平交道之後，鐵道進入眷村中，兩旁都是低矮的房舍，隨後抵達清泉崗站，通往陸軍戰車營的側線也在此後分出。

清泉崗站場路線在一個平交道前又匯聚成一條，鐵路在兩排的低矮民房間從中而過，就好像平溪線進入十分站前的景色一般，只不過營運末期的火車通常不會開到這裡，自然而然成為居民停車的好地方，不遠處就是終點的止衝檔。在1970年代以後這裡就是路線終點，很少人知道其實後面還有數公里的鐵軌。

筆者曾造訪清泉崗之後的路線，發現整條路基與鐵軌尚存，還有鋼樑橋、轉轍器等遺跡。神岡線真正的終點——油庫站，這座巨大鐵製油庫，以油管銜接與油罐車實施油料的裝卸，主要提

102

→從清泉崗站到終點油庫站之間，仍有少數鐵道遺跡在自行車道旁可尋找。攝影／古庭維

供空軍本身的用油，在越戰期間，這座地下油庫也提供了美軍在亞洲油料的儲存與使用。隨著任務的結束，這座油庫的功能也相對減少，這一段路線也隨之停駛。

　　站在這段鐵路上，可以清楚地俯瞰整個台中市，這是鐵道不斷緩緩爬昇的成果，景色相當秀麗，相信這裡的夜景也是相當迷人的。雖然神岡線已經停駛，但如今「潭雅神綠園道」搖身一變成為當地民眾最喜歡的休閒場地，繼續延伸這條消失鐵道的生命。

↓陸軍戰車營側線由清泉崗站分歧，而目前在清泉崗站內則擺設有三輛M48A3戰車。我國陸軍自1973年開始接收M48A1戰車，後來又購入M48A2，兩者共獲得309輛，並自1981年開始將汽油發動機改為柴油機，經改良後稱為M48A3型戰車。攝影／古庭維

103

鐵道變身鐵馬道

路線現況

神岡線廢止多年後，受到東勢線改建自行車道的影響，成為台中縣境內第二條廢鐵道改建的自行車道。由於神岡線由潭子到社口之路段穿越市區，因此配合自行車道而新建許多跨線橋，與大馬路立體交叉，避免與一般車流交織。由於規劃相當完善，因此已經成為最受沿線居民喜愛的休閒去處。

神岡線各車站設施堪稱保存完整，規模最小的社口站，目前站房及月台均健在；中途大站神岡站，則保有站房、月台、蒸汽機車加水塔、水鶴與煤台等等豐富的蒸汽火車鐵道遺跡，且已整理成為公園，還能在此觀賞高鐵列車通過；清泉崗站是神岡線營運末期的運轉的終點站，現在則是六寶村的社區活動中

↓在東勢線改建自行車道成功後，神岡線也改建為潭雅神綠園道。原本道路上的平交道標誌，也改變為「注意自行車」，相當趣味。攝影／古庭維

↓最初潭雅神綠園道與一般道路仍採用平面交叉，經整修後與主要幹道皆改為立體化，提供更安全的騎車環境。社口站附近的台10線民生路跨線橋，甚至延長高架路段，連原本的小溪流一併跨過，成為相當長的高架橋。攝影／古庭維

↑清泉崗車站的汽車月台經過整修，也成為六寶社區公園的一部分。由於國軍副食品中心就位在清泉崗車站旁，因此鐵道尚在使用時也可見到相關物資之輸運。攝影／古庭維

心，貨運月台與汽車月台還存留著，並且陳列三輛M48A3坦克，軍事鐵道風情不言可喻。

　　清泉崗站之後，自行車道在一處山坡上繼續前進，路旁僅剩少數鐵道遺跡相伴，但視野豁然開朗，俯瞰台中市區的高樓，景色獨特。路線終點處，幾乎已經進入中科園區的範圍，若當年鐵道繼續向南延伸，或許就是一條現成的「台中山手線」也不一定，當然這都是遙不可及的夢想了。

05B
105
鐵道變身鐵馬道／神岡線

🔵 **旅遊何處去**
潭雅神綠園道
1.搭乘台鐵至潭子站，依指標前往自行車道起點，有單車出租店
2.駕車過了豐原交流道後往神岡方向，沿著中山路（台10線），轉民族路可以到達社口號誌站舊址。繼續前行，可到達神岡站。清泉崗站與油庫方向則須沿中77線和平路過中清路平交道後轉月祥路即可到達
3.由豐原站搭乘豐原客運往新庄方向，在社口、神岡或六張犁站下車

🔵 **順遊景點**
摘星山莊（潭子林宅）

路線資料

鐵道部縱貫線后里＝豐原：1908年4月20日通車，軌距1,067mm

台鐵局台中線后里＝豐原：1997年10月8日新線通車

05c

山洞與鐵橋的親身體驗
舊山線后豐段

歷史沿革

在山線鐵路改線路段中，就屬三義到豐原一帶幅度最大。因為這段路線正是又彎又陡、橋樑隧道最多的路段，日後改建時當然以此段最為困難，改變也最大。在這一大段改線之中，僅有頭尾兩端的三義、豐原站，以及中間的后里站沒有改變位置，其餘路線皆往西邊遷移。北段的三義＝后里，在1998年9月24日切換，南段的后里＝豐原則在1997年10月7日即切換。

↓舊山線南段由后里到豐原，長達7.7公里的路程中，包含了坡度達千分之25的九號隧道，以及緊鄰九號隧道、長382公尺的花樑鋼橋，跨過水流湍急的大甲溪。雙軌化後的新山線，以筆直的后豐隧道與大甲溪高架橋，取代了原本的磚造隧道與花樑鋼橋，路線也縮短為6.7公里。依此段舊線改建的后豐鐵馬道，由后里馬場至豐原北號誌站總長4.6公里，是老少咸宜的自行車道。

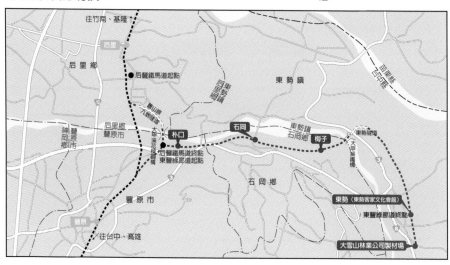

又彎又陡的九號隧道，南口又緊臨大甲溪橋，增添了工程的困難。
1908年4月，縱貫線的北段和南段在此合攏，奠定台灣日後發展基礎的
縱貫線於焉通車。攝影／古庭維

由后里到豐原的7.7公里路程中，包含了坡度達千分之25的九號隧道，以及緊鄰九號隧道、長382公尺的花樑鋼橋，跨過水流湍急的大甲溪。由於工程艱鉅，是整個縱貫線最後完成的區間，1908年4月，隨著大甲溪橋的竣工，縱貫線才終於完全通車。九號隧道長達1,270公尺，是舊山線隧道中最長的一座，在其北口有後藤新平題字的「潛行不窒」匾額，而南口則是在久間左馬太的「氣象雄深」匾額。

雙軌化後的新山線，以筆直的后豐隧道與大甲溪高架橋，取代了原本的磚造隧道與花樑鋼橋，路線縮短成為6.7公里。彎曲而陡峭的舊線自此被廢棄，雖然是當年真正最後通車的重要工程，但卻一直未如同勝興、魚藤坪橋一樣受到重視，在討論舊山線復駛觀光列車時，這段重要的路線也沒有被列入考量。

↑后豐鐵馬道由后里馬場出發後，沿著新山線前進一小段，之後才轉往九號隧道。攝影／古庭維

　　所幸東勢線改建的東豐綠廊道大獲成功，而神岡線所改建的潭雅神綠園道亦獲得民眾迴響，此段舊山線也改建成「后豐鐵馬道」。由於途經九號隧道以及大甲溪鋼樑橋，這段自行車道是台中縣三條鐵道舊線自行車道中最短，卻是風景最為精采者，遊客多時甚至時常發生塞車的情況。還可在大甲溪南岸的舊豐原北號「轉轍」進入東豐綠廊道，順道體驗東勢線的風光，構成完整而豐富的自行車之旅。

↓九號隧道全長1,270公尺，是當時縱貫線最長的隧道；由於工程困難，也是最晚通車的路段。目前隧道內照明設備完善，是非常受歡迎的景點。攝影／古庭維

路線現況

　　由后里至豐原的舊山線鐵道，雖已改為自行車道，但起點並非后里，而是距離九號隧道北口不遠的后里馬場旁。自行車道規劃完善，安全性高。由后里馬場出發後，首先沿著新山線的路堤前進，一路下坡，隨後轉往舊線，九號隧道一下就到了。九號隧道內照明良好，由北往南就是千分之25的下坡，騎起來輕鬆寫意，當然回程就稍微辛苦些。一出隧道後就是大甲溪橋，非常多遊客在隧道與橋樑交接處下車照相，假日常常人滿為患而塞車。跨過大甲溪花樑鋼橋後，很快就抵達后豐鐵馬道的終點。這段長度僅4.6公里的單車道，沿途包含舊山線最長的九號隧道，在彎曲的陡坡後，又跨過湍急大甲溪的花樑鋼橋，親身體驗縱貫線工程中最困難的路段，可說是相當精采又健康的歷史文化之旅。

↑經過數年沉寂，后豐鐵馬道成為台中縣境內第三條由廢鐵道改建的自行車道，途經九號隧道以及大甲溪橋，是中部當紅的景點。攝影／古庭維

旅遊何處去
后豐鐵馬道

1.搭乘台鐵在后里站下車，車站旁即有自行車出租店，再依指標前往；或搭乘后里站前的后里觀光巴士，在后里馬場下車

2.自台中車站或豐原車站搭乘豐原客運，往大甲班車，於后里馬場下車，可前往后豐鐵馬道起點（即后里馬場）；往東勢班車，於朴子口下車，可抵達后豐鐵馬道終點（即東豐綠廊道起點）

3.由國道1號豐原交流道、后里交流道或國道4號豐原端下，轉台13線往后里市區，依指標前往后豐鐵馬道起點；或轉台3線（豐勢路），可抵達后豐鐵馬道終點處

順遊景點
后里馬場
毘盧禪寺

05_D

路線資料
台拓化學工業會社線北回歸線＝化學工場：1937年通車，軌距1,067mm
中油公司嘉義分廠線：2002年8月14日停駛

太平洋戰爭的見證
中油嘉義溶劑廠線

歷史沿革

在嘉義市區內有一條鐵道，從世賢路向南延伸到北回歸線標附近的縱貫線上。這條正位在北緯23.5度北回歸線處的舊鐵道，其歷史可追溯至日本時代，戰後稱為「中油嘉義溶劑廠線」。一列列油罐車穿梭在鬧區、菜市場的鐵道風景，是在地居民共同的回憶，此路線目前已改建為自行車道。

這條路線由縱貫線北回信號場（後來的北回歸線站）向東北分歧，其實是一條有著軍事戰略用途的軍用鐵道，若翻開附近的地圖，可以發現廠區隔

112

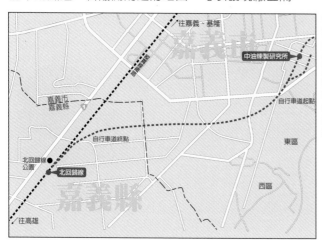

←中油嘉義溶劑廠線，起點為縱貫線的北回歸線站，長度僅4.5公里。其歷史可追溯至1937年的台拓化學工業會社線，作為籌建化學工場的工程鐵道，工場開始生產後，也成為產品的輸送線。這條鐵路在2002年停駛，後來也改建自行車道，依徵名結果命名為「嘉油鐵馬道」，名符其實又逗趣可愛。

↓中油嘉義溶劑廠線的起點是北回歸線站，站外不遠處即是北回歸線廣場。一字排開的是歷代四個北回歸線標縮尺模型（未按比例）。最右邊的則是國人最熟悉的第五代標，最初建於1942年，由著名的建築技師千々岩助太郎設計，直到1964年因白河大地震受損後才整修成現貌。許多資料僅說明其為1968年完工，對其真正來歷並未詳述。另外一般人可能也不知道，第一代標誌在1908年設立，是為了「慶祝縱貫線鐵道通車」，也對日本政權南達台灣做了宣示。攝影／古庭維

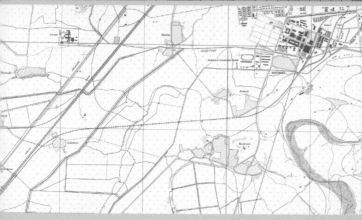

←在1945年的美軍地圖上，由北回歸線站延伸而來的鐵道，最後進入了Butanol Plant，意即丁醇工廠。此外，在廠區的南側，也有一條窄軌鐵道由南北向進入，這條路線是南靖糖廠的山子頂線。在更早期的地圖中，其終點在附近的頂子寮，但在這份地圖中卻已「被迫」改線進入化學工場內，而且還與溶劑廠線平面交叉，推測這條糖鐵是當時將各種植物原料運送至化學工場的原料線。此平面交叉一直到1980年代都還在，甚至也留存在許多現在仍流通的新版地圖中。

鐵道變身鐵馬道／中油嘉義溶劑廠線

↑嘉油鐵馬道開放之後,很快地成為當地居民戶外活動的最佳場所。依鐵道兩旁用地整理而成的單車道,雙向車道路幅各寬2公尺,且沿途沒有高低起伏,騎起來輕鬆愉快。攝影／古庭維

著縱貫線的西邊就是嘉義水上機場,也就是戰前日本第十四飛行隊的基地,而中油溶劑廠的前身——台灣拓殖株式會社嘉義化學工場,則曾經是全世界規模最大的發酵式有機溶劑化學工場,也是當年遠東地區規模最大、員工人數最多(約三千餘人)的工場。

　　西元1937年(昭和12年)5月1日,縱貫線設置了「北回信號場」,負責通往台拓工場支線與水上機場支線的業務。當時的嘉義溶劑廠支線稱為「台拓化學工業會社線」,建廠前負責建廠所需材料運送,1939年開工建廠,隔年七月正式運作生產(1943年再與日本賣酒株式會社合資改組為台灣拓殖化學株式會社),利用嘉南平原種植的蕃薯、大麥、甘蔗、落

花生等農作物，經過發酵與蒸餾的過程，生產甲醇、乙醇、丁醇及丙酮，提供當時日軍原油以外的空用燃料。因此該廠可說是早期日本航空用燃料的煉製廠，負責以生物科技生產研發航空戰機用燃料，對太平洋戰爭來說，具有舉足輕重的地位。

另一方面，該廠亦提供一小部分的產品，供應日本海軍第六煉油廠使用（現在的高雄煉油總

一日本時代的台灣拓殖株式會社嘉義化學工場，戰後由中油接收，改為嘉義溶劑廠，後來又改編制為高雄煉油總廠嘉義分廠。如今則稱為中油煉製研究所。攝影／古庭維

↑中油嘉義溶劑廠線曾擁有三輛柴油機車,編號為D-1、D-2、D-3,分別由日本新潟鐵工、日立以及美國Plymouth製造。到了停駛前幾年,幾乎都是由圖中的D-3號車出勤。攝影/陳俊霖

廠)。當年日本政府因應南進需要,積極開發石油以外的替代燃料,而這種利用植物原料發酵生產燃料能源的技術,其實正是當今稱最時髦的「生質能源」,真沒想到戰前就有的科技,近年來因全球油價不斷飆漲,又再度受到重視了!同時也很難想像,這條鐵道也曾跟這種時髦科技扯上一點關係。

國民政府中國石油公司1947年(民國36年)接收台拓化學後,成立了「中國石油公司嘉義溶劑廠」,除了修復戰損的生產設備外,也改製造石油溶劑,先後成立了芳香溶劑工場、酯溶工場、特殊溶劑與溶劑摻配工場。1974年中油將高雄煉油總廠中的第一媒組工場遷至此處生產重組油,更擴大了此廠的生產規模,不難想像此時期的溶劑廠支線可是跑滿了

位在台灣大學校園內的工場建築，在帝國大學時代是製糖實習工場，除了可以演練全套的耕地白糖製程，後來也作為中間工廠（pilot plant），而與嘉義的燃料工場有密切關係。攝影／古庭維

←—過去北回歸線站內滿滿罐車的特殊風味，如今只能在照片中尋找；甚至如今現存的中油罐車上「中國石油」字樣，也因公司正名為台灣中油公司，因此修改為「中油」二字。攝影／陳俊霖

一列列的油罐車。

　　1961年的紀錄，嘉義溶劑廠線的正線全長4.528公里，側線2.332公里，1972年10月4日改稱為「高雄煉油總廠嘉義分廠線」，一直沿用至2002年8月13日該線停用。這條支線鐵道還在使用時，由中油公司獨家使用，因此除了其自家的油罐車外，就是獨具風格的中油機車群，以及路線上獨特的號誌與平交道，這些都是私家鐵道的特色。

　　這條短短的私營鐵道，在2002年停用後旋即廢棄，但近年自行車風潮日漸興盛，多條舊鐵道改建的自行車道皆相當成功，溶劑廠線鐵道也加入潮流改為鐵馬道。經過徵名活動之後，這條最新的單車道命名為「嘉油鐵馬道」，真是名符其實又逗趣可愛。

↓路線停用之後，鐵道荒廢數年，直到2008年又以「嘉油鐵馬道」重新出發。此單車道的終點並非北回歸線站或是北回歸線廣場，而是在北邊不遠的嘉42鄉道平交道，單車道上設有鴿溪寮站。繼續往北回歸線站的鐵道，已經是草比人高的叢林。攝影／古庭維

↑中油嘉義溶劑廠線（最前方之小橋樑）、縱貫線以及第六代北回歸線標（太陽塔）。北回歸線站之歷史，可追朔至1937年5月。攝影／古庭維

路線現況

　　由嘉義溶劑廠線改建而來的嘉油鐵馬道，北起溶劑廠外的世賢路四段，南達北回歸線標附近的嘉42鄉道，沿途平緩沒有坡度，在重要據點設有休息站。單車道是以鐵道兩側加裝木板之方式興建，路幅寬敞，只是與重要幹道交叉處並未施作立體化。溶劑廠線的起點北回歸線站，在路線停用後車站亦裁撤，昔日站內停滿罐車之景象早已不復見。目前自行車道並未直接通至北回歸線天文廣場，未能串聯觀光資源，實在可惜。

旅遊何處
嘉油鐵馬道
國道3號下中埔交流道，往嘉義方向，在世賢路左轉不久即抵達

順遊景點
北回歸線天文廣場

丟丟銅仔歷史現場
草嶺隧道

歷史沿革

　　鐵路通車造成空間革命，這樣的過程不只在
1908年縱貫線通車時發生。1924年（大正13年），
從基隆到蘇澳的宜蘭線通車，從此由台北前往蘭陽
平原，不用再翻山越嶺徒步走穿淡蘭古道。今日從
台北搭乘太魯閣號到宜蘭，甚至只要一小時出頭的
時間！

↓草嶺隧道穿過雪山山脈的主
稜，是宜蘭線鐵路最重要的工
程，其地位如同今日高速公路的
雪山隧道。1924年12草嶺隧道
完工，宜蘭線全線通車，是台北
宜蘭間的空間革命。

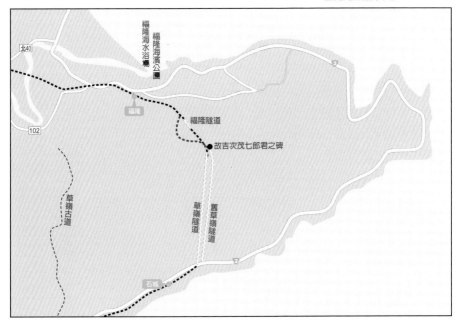

↓草嶺隧道是宜蘭線最後完工的路段，全長2,167公尺，完成於1924年。這座
隧道位居台北宜蘭縣界，也是蘭陽平原的玄關。攝影／古庭維

變身鐵馬道／草嶺隧道

←草嶺隧道北口有「制天險」三個大
字，由當時的鐵道部長新元鹿之助題
字。攝影／古庭維

宜蘭線的工程在1917年定案，名義上是「東西連絡」路線之一（另一條是屏東線），但就產業發展而言，更重要的用意或許是瑞芳一帶的煤田。當年底宜蘭線正式動工，由基隆和宜蘭兩邊分頭進行。南部段由於是平原，工程相當順利，然而北部段穿越基隆河谷，加上長大隧道，因此進度緩慢。雖然如此，為了早日運輸煤炭，八堵至瑞芳在1919年5月就搶先通車，隔年1月又延長到猴硐，隨後通至三貂嶺，從此四腳亭煤田和石底煤田大幅改善交通問題。1922年，困難的三貂嶺隧道也終於通車，此時工程剩下最艱鉅的草嶺隧道還未完成。

草嶺隧道全長2,167公尺，直到1924年12月才完

↑ 位在草嶺隧道北口不遠的「故吉次茂七郎君之碑」，是紀念一位在隧道工程時染病身亡的陸軍上尉而設立。石碑右邊的條狀結構物就是原本的鐵道路基。攝影／古庭維

←新舊並陳的草嶺隧道南口。目前舊草嶺隧道已整修為自行車道，由於鄰近濱海景觀，相當具有吸引力。攝影／古庭維

成，宜蘭線終於全通。草嶺隧道是當時台灣最長的鐵路隧道，而且這第一名的寶座直到1980年才讓給北迴線的觀音隧道。相傳宜蘭民謠「丟丟銅」中描述的磅空（山洞）即為此處，可見這座連通台北及宜蘭兩地的長大隧道，一定讓幾十年來往返的旅客印象深刻。由台北開往宜蘭的列車，在衝出隧道時，左側忽然亮麗呈現的海景，的確也是許多旅客共同的回憶。

　　如同大多數日本時代的老山洞，草嶺隧道非常具有建築美感，除了兩端穩重的赤煉瓦洞門，隧道口上方的題字更為人津津樂道。北口「制天險」由當時鐵道部長新元鹿之助題字，南口「白雲飛處」則由總務長官賀來佐賀太郎題字，為此隧道工程的艱辛以及重要性，加上最好的註腳。此外，為了紀念一位在工程時染病身亡的陸軍上尉，在北口不遠處的路基旁立了一座「故吉次茂七郎君之碑」。

→龜山島是宜蘭最具代表性的景觀，從三貂角到蘇澳之間的海岸都能觀賞。搭乘宜蘭線列車南下，通過草嶺隧道之後就能在車窗觀賞到這座造型奇特的小島。攝影／古庭維

隨著台灣環島路線的建構，在北迴線即將通車的1970年代末期，宜蘭線也開始路線改良，除了截彎取直外，也進行複線的鋪設。這座擁有赤煉瓦山牆的隧道在1980年終於功成身退，兩端以磚牆封閉而走入歷史，徒留日漸荒煙蔓草的洞口，以及北口外的紀念碑。新的草嶺隧道，是嶄新的混凝土複線隧道，蘭陽玄關的地位依舊，只是冷冰的外觀早已將深刻的文化意涵冰封，美麗的舊隧道也逐漸被遺忘。

舊草嶺隧道被封閉的20多年，只有進行舊線跡踏查的鐵道迷偶爾拜訪，對極具時代意義的草嶺隧道來說，不免讓人覺得心酸。所幸在2004年，草嶺隧道列為台北、宜蘭縣定古蹟，並在民意代表爭取下，計畫開闢為自行車道，封口磚牆也在2005年的年底拆除。又過了一年多，終於在2007年鐵路節期間開放民眾試走，自行車道則在2008年完工，展現全新風貌。

↑舊草嶺隧道南口改建自行車道後，原本防守隧道口的碉堡成了觀景台，遠方龜山島當然成為優先合照的對象。攝影／古庭維

↑舊草嶺隧道北口自行車道入口處的鐵道意象裝飾。攝影／古庭維

路線現況

　　草嶺隧道重新開放後，兩端成為嶄新公園，並有自行車出租商店，隧道在白天時開放通過，並有完善照明。老隧道的開放值得欣喜，除了隧道本身引人入勝的建築、歷史意義，還連結東北角海岸風景，實為一套相當完整的鐵道旅遊行程。若整修其他舊隧道，甚至一路連通至三貂嶺，除了將台灣第一座機械開挖的三貂嶺隧道整修外，連結雙溪鄉內原有的自行車道，也會讓觀光機能更加豐富。

旅遊何處去
草嶺隧道
1.搭乘台鐵在福隆站下車，出站後右轉，徒步約2公里。
2.台2線濱海公路可抵福隆車站，亦可抵達隧道南口，在石城服務區不遠處。

順遊景點
石城服務區
福隆海水浴場

基隆河

黑金傳奇

06

煤礦是台灣北部最重要的礦產。工業革命之後，煤的需求量大增，世界各地待開發的區域也成為航海家覬覦的對象。台灣最早的官營煤井位在八斗子，為了將煤炭由坑口運到港口，輕便軌道在1876年誕生，這條台車道很可能就是台灣最早的鐵道。交通便利與否，直接影響著礦場的命運，而隨著鐵路的開通，基隆河沿岸的礦場，從士林、松山、內湖、五堵一路上溯至四腳亭、瑞芳、平溪，串成一條煤礦產業大道，為台灣的現代化帶來穩固的動力。目前台灣已無營業中的煤礦，然而礦場風情懷舊氣氛滿點，早已成為假日的好去處。

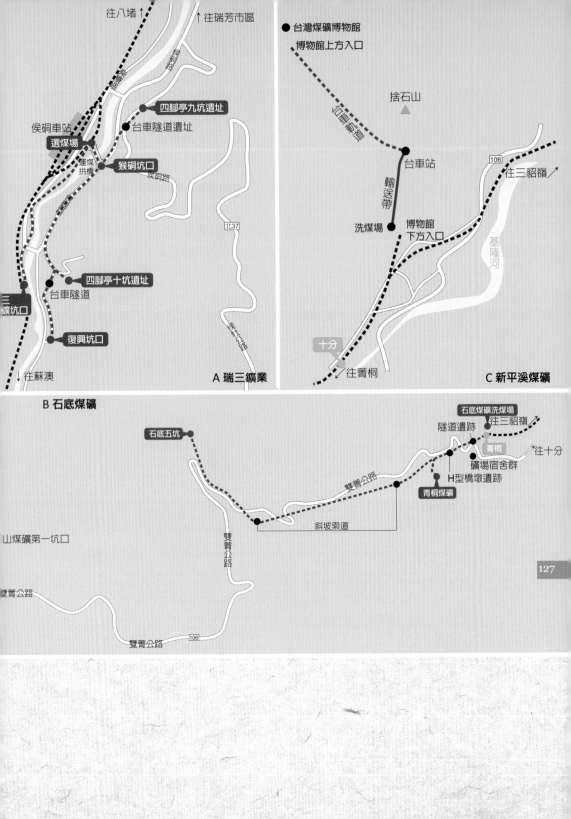

往八堵↑　↑往瑞芳市區

● 台灣煤礦博物館
　博物館上方入口

四腳亭九坑遺址
台車隧道遺址

侯硐車站
選煤場

運煤拱橋

猴硐坑口

侯硐路

捨石山▲

台車站

輸送帶

106

往三貂嶺↗

洗煤場

博物館
下方入口

基隆河

北37

四腳亭十坑遺址

台車隧道

三嶺坑口

復興坑口

↓往蘇澳

十分

往菁桐→

A 瑞三礦業

C 新平溪煤礦

B 石底煤礦

石底五坑

石底煤礦洗煤場
往三貂嶺↗

隧道遺跡

菁桐

往十分→

雙菁公路

礦場宿舍群

青桐煤礦

H型橋墩遺跡

山煤礦第一坑口

雙菁公路

斜坡索道

雙菁公路

雙菁公路

106

127

06ᴀ

路線資料

基隆炭鑛株式會社：1918年3月成立

瑞三鑛業公司：1934年7月成立

產煤裕國

瑞三鑛業

↓猴硐礦場最早是由久年炭鑛經營，後來四腳亭煤田的番號重編時，成為四腳亭九坑、十坑及十五坑。礦場的軌道分為上層和下層，下層路線由瑞三本鑛坑口通往選洗煤廠。上層部分歷史較久，源自基隆輕鐵株式會社1912年通車的三爪子線，該路線是猴硐地區最早的聯外運輸工具，與礦場鐵道有所連接。直到宜蘭線鐵道通車後，礦場鐵道便將終點轉移至火車站的運煤大橋。如今在基隆河右岸還保存兩座台車隧道遺跡，南線往復興坑（最早是四腳亭十五坑）的隧道改為一般車道使用，北線的隧道則已傾頹，但隧道南口還有優美題字，見證歷史。

歷史沿革

在日本時代，金包里與四腳亭煤田被認為條件最為優良，因此劃為海軍預備煤田而禁止開採，直到1910年代左右才漸漸開放，也成為企業家、大財閥爭權奪利的場所。這時在四腳亭發生了原經營者賀田組、包採的顏雲年以及新買家芳川寬志三方對開採權之爭議，經過各方一連串的權謀之後，芳川將礦權轉給三井財閥，三井再與顏雲年於1918年共組基隆炭鑛株式會社。不久後基隆炭鑛又將木村久太郎經營的木村鑛業併吞，勢力範圍擴及基隆、四腳亭、瑞芳以及猴硐，成為全台最大的煤礦公司。

猴硐礦場本來是由木村與顏雲年共同經營的久年二坑，用途在供應瑞芳金鑛山的用炭，並未大量開採，但其蘊藏量卻非常豐富。轉移給基隆炭鑛之後，經重整編為四腳亭九坑與十坑，且在猴硐車站旁興

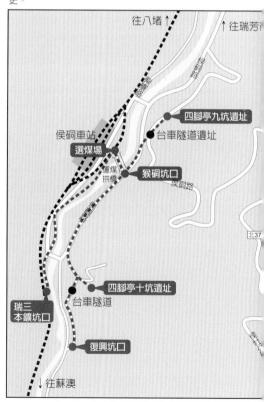

↓ 從大粗坑山遠眺基隆河谷中的猴硐。這座因煤礦而發展的村落，也因礦坑停產而步入蕭條，廣大的鐵路站場早已風光不再。畫面中間的小山頭，曾是猴硐神社所在地，不過目前僅存鳥居和石燈籠。神社後方、車站左側偌大的黑色廠房，則是台灣第一套運用鐵道轉運而設計的選炭場，一旁的運煤大橋矗立九十年，是宜蘭線鐵道上令人印象深刻的風景。攝影／古庭維

← 由侯硐車站開出的聯運貨物運送通知書，載明了瑞三鑛業所生產的粒煤，運送至新營紙廠。由於新營紙廠位在糖業鐵道新岸線，此線為三軌併用，因此台鐵的車輛也可以抵達。典藏／古庭維

↑1920年代的猴硐選炭場，由於地處要塞禁區，照片中的山容經過塗抹修改後才能刊登。這座在1922年啟用的大型工場，是全台灣第一套配合鐵道運輸的煤炭生產設備。圖取自石炭時報

↑猴硐礦場今貌，廠房破舊不堪，大鐵橋也已改建為大拱橋。雖編列數億元預算整整煤礦園區，但狀況最差的工場本身未優先維護，其屋頂棚架已於2009年倒塌。攝影／古庭維

建大型的選煤設備以及跨越基隆河的大鐵橋，建立了完整的生產線。這套設備在宜蘭線甫通至猴硐的1922年完成，將交通便利的優勢發揮地淋漓盡致，從此巨大的廠房與基隆河大橋就成為當地的地標。直到今天，這樣的景觀還是讓火車上的乘客印象深刻，只是原本的鐵橋已在1965年改築為混凝土拱橋。

後來基隆炭礦又重編礦場番號，猴硐礦場改為瑞芳三坑，並在1934年開始由瑞芳礦業鉅子李建興包採。李氏自1916年起即在猴硐的礦場工作，後來成為工頭以及包商。在包採瑞芳三坑後，取「瑞」、「三」二字成立瑞三鑛業，並於1938年開鑿猴硐坑，致力開採「最下層煤」，結果大獲成功，成為台灣最重要的煤礦之一。1940年又在猴硐車站南方不遠處開鑿瑞三本鑛，此坑為長達3公里的水平坑，所以可用小型車頭牽引礦車。戰後的1960年代，又開鑿了復興坑以及瑞平斜坑，將工作範圍擴大至平溪台陽礦區之邊緣。瑞平斜坑深度已達海平面300公尺以下，而根據估計，大約在地下500公尺深處仍有大量礦藏，可惜由於政府煤礦政策走向的緣故，瑞三鑛業已在1990年結束煤礦開採。

↑猴硐車站對岸，運煤台車的隧道遺跡。洞口上方有「猴硐」題字，落款人「碧水」是當時的一位詩人。攝影／古庭維

↓斑白的「產煤裕國」四個大字，道盡了戰後物資缺乏的時代，台灣煤礦在經濟再次起飛中所扮演的重要角色。攝影／古庭維

↑台灣前輩畫家倪蔣懷1928年在猴硐的風景寫生。倪蔣懷是基隆顏家女婿，而顏家則是基隆炭鑛大股東，由於此地緣關係，礦場風貌也成了創作題材。倪氏除了是台灣水彩畫先驅，由於經營礦業有成，也經常贊助美術活動，被譽為台灣第一位美術贊助者。

停止採礦之後的猴硐，可說是絢爛歸於平靜，曾有數千名員工同時工作的山城，頓時被世人遺忘，只留下宜蘭線列車駛過的轟隆聲響迴盪山谷間。建於日本時代的選炭工場，雖然代表的是全台灣第一套配合鐵道運輸的大型煤炭生產設備，是台灣工業發展的重要見證，卻任憑十多年風吹雨打。

近年國內旅遊風氣盛行，加上猴硐為平溪線列車之停靠站，瑞三鑛業無價的文化資產終於受到注意。台北縣政府及瑞芳鎮公所為推展觀光，於2004年開始進行猴硐煤礦生活園區的工程，預計恢復礦業遺址原貌，同時整頓周邊環境。第一期工程已在2006年完成，然而耗費數億元鉅資整頓，受損最嚴重的選炭場卻未開始整修；同時過去台鐵側線的軌道，竟然更換為輕便台車的軌條，軌距1,067mm，牛頭不對馬嘴的情形實在讓人哭笑不得。

←瑞三礦業於1938年開鑿猴硐坑，致力開採「最下層煤」，結果大獲成功，成為台灣最重要的煤礦之一。攝影／古庭維

路線現況

　　在停止開採後，瑞三礦業的相關機具便停用、廢棄。1990年代初期，軌道上仍可見大批運煤台車，但如今已不知去向。由瑞三本礦坑口通往工場之台車路線，原與台鐵並行，後因宜蘭線雙軌化而遷移至基隆河邊，目前軌道已幾乎消失，接近坑口處的內燃機車庫則在整修後原味盡失，真是可惜。

　　跨越基隆河的拱橋上，目前仍有軌道殘留，橋頭柱則記載了此橋於1920年建造，又於1965年改建的身世；但園區整修後，新的結構物不偏不倚地擋住了這些字跡。仔細觀察這座大橋，會發現有兩座橋墩，型制與其他橋墩大不相同，石砌的構造沉穩厚

↓瑞三橋完成於1920年，當時為一座上承式桁架鐵橋，在1965年才改建為拱橋。兩座造型典雅的大橋墩，就是原本架設鋼桁架的老橋墩。從1920年到現在，不論鐵橋或拱橋，一直都是猴硐地區最搶眼的地標。攝影／古庭維

132

╲雖然猴硐煤礦生活園區的第一期工程已在2006年完成，然而耗費億元巨資整頓園區，受損最嚴重的選炭場卻未優先整修，因而繼續傾頹愈來愈難以修復，相當令人不捨。攝影／古庭維
↓往復興坑的台車隧道，目前仍可供行人及汽機車使用。攝影／古庭維

重，其實正是鐵橋時期的大橋墩沿用至今。

　　由大橋繼續往南的復興坑，除了偶現軌條芳蹤外，尚保留一座台車線的素掘隧道，台車停駛後繼續供作居民通道，樣貌古樸可愛，走行其中則因光線昏暗而有些刺激。坑口造型典雅的瑞三本鑛坑口以及猴硐坑則依然健在，惟後者已有崩塌情形；此外，靠近猴硐坑北邊不遠處另有一處洞口，有「猴硐」之題字，其實並非礦坑，而是由四角亭九坑通往選炭場之輕便線。整個礦場規模仍可輕易辨認，遙想過去忙碌的工業景觀，現在的寧靜更讓人發思古之情。

←宜蘭線鐵道旁的內燃機車庫，原本就保存完好並未受損，經過整修後煥然一新，反而失去古樸感。原本此處之路面為台車軌道，可惜未能隨整修工程而恢復。攝影／古庭維

旅遊何處去
猴硐煤礦生活園區（工場、辦公室、坑口、瑞三橋）
1.搭乘台鐵列車至侯硐站下車，或由瑞芳站轉搭基隆客運808公車至侯硐站。
2.台62線瑞芳交流道下，走102縣道往九份方向轉北37鄉道。

順遊景點
猴硐一百階（猴硐神社遺址）
金字碑古道
小粗坑步道
大粗坑步道
三貂嶺古道

平溪黑金發源地
石底煤礦

歷史沿革

平溪是台灣著名的煤礦產區之一。傳說中在1907年，由汐止人潘炳燭首先發現石底煤礦露頭，後來由藤田組試掘，認為雖然品質良好，但位處深山河谷交通不便，似無開採價值。過了十年，藤田組與顏雲年在1918年合資創立「台北炭鑛株式會社」，首要目標就是開採石底煤田。而為了解決交通問題，考慮了三種方案。第一種是由汐止建造架空索道越過五分山，但纜車運量低，且石底煤田分布甚廣，無法有效運輸。第二種是建設輕便台車軌道，除了串聯各礦場，建設成本也低，但台車除了

↓石底煤礦的輕便線，在全盛時期曾經延伸至十八重溪的文山煤礦，但是這段台車線距離菁桐坑遙遠，還得越過海拔約300公尺的分水崙，因此後來便以卡車路取代，即今日的雙菁公路。

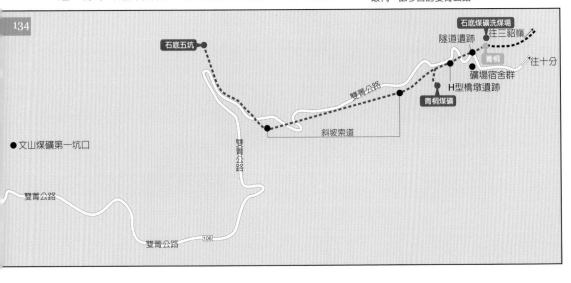

134

↓蜿蜒在基隆河畔的平溪線，工程非常艱辛，台陽礦業株式會社幾乎為此倒閉。幸好在1929年順利脫手，將路線轉賣給鐵道部，因而獲得大筆現金得以週轉，才又穩固了台陽的礦業霸主地位。攝影／古庭維

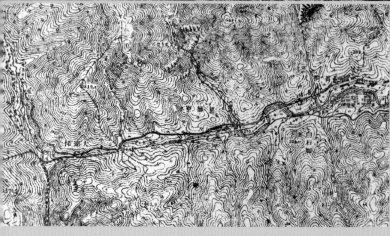

基隆河黑金傳奇／石底煤礦

←1945年時，菁桐坑到石底五坑的輕便鐵道路線，從菁桐站開始，中間有一處長直線的部分就是斜坡索道，索道中途還有一處隧道。這段輕便線後來被雙菁公路所取代，不過由白石腳至菁桐坑的路段，繼續使用至青桐煤礦開採的時代。典藏／楊森豪

↓石底大斜坑今貌，外觀保存相當完整。攝影／古庭維

運量較低，還得雇用大量的推車苦力，例如1918年全世界流行性感冒大爆發時，就造成基隆輕鐵台車線的勞力短缺。或許基於以上原因，或是顏氏對石底煤田深具信心，最後決定採用第三種方法——大手筆建設高規格的鐵道路線。

這條與官線同軌距的石底線，於1919年動工，與新店線並列唯二由純民營公司大手筆建設的1,067mm軌距私營鐵道。但與新店線不同的是，石底線沿基隆河開闢，地形險峻，使得工事費用超乎預期；加上一次世界大戰結束銅價暴跌，連帶影響藤田鑛業的營運而自台灣撤資。在這樣的環境下，台北炭鑛只好改組，在1920年又增資並合併經營瑞芳金鑛的雲泉商會改名「台陽鑛業株式會社」。然而由於鐵道建設費用不斷攀高，好不容易在1921年7月通車，改良工事卻又持續到1923年1月才結束，且初期煤礦產量也不如預期，公司的前途風雨飄搖。幸而在1929年這條鐵道線由總督府以150萬圓金收購，同時在生產上也有所進步，終於逃過了倒閉陰影，也開啓平溪黑金的輝煌歲月。

石底煤田最初開採時，坑口都接近鐵道線終點附近，一坑、二坑位於菁桐，三坑靠近石底（今平溪），皆以輕便台車連絡車站。然而隨著往基隆河更上游的地方開挖坑口，運輸動線將更深入山區，五坑和六坑甚至已經位在平溪基隆河與石碇景美溪的分水嶺上。從五坑口到菁桐之間，若能延長鐵道線當然最

↑1937年，石底煤礦為了加強各坑礦產之統整，簡化坑外運送的過程，開鑿了大斜坑。兩年後全部完成，以15度俯角向下傾斜，寬4公尺可容納複線軌道，全長900公尺，是台灣煤礦史上一大里程碑。圖取自台陽鑛業公司四十年誌

↓石底大斜坑外，還留存許多軌道，不過狀況非常不好，逐漸消失當中。攝影／古庭維

→台陽時代的菁桐坑
停車場。遠方的山經
過修改而與現實不
同。圖取自臺灣地形
地質鑛產地圖說明書

為理想,但公司為了興築鐵道幾乎已氣力用盡,五坑到菁桐間只好先用台車軌道來應急,不過這條台車線規格較高,能以小型機關車牽引台車。由於工程難度高,加上天候因素,耗時近一年至1924年才通車。

在煤礦挖掘成績漸入佳境時,燙手的石底線鐵道成功賣給鐵道部,改名平溪線,並於1929年10月1日在平溪公學校舉辦開通式。石底線歸公,除了得到大筆現金之外,也代表維護鐵道無止境的成本終於止血,這讓台陽鑛業如獲甘霖,迅速還清債務,邁向煤礦霸主地位。1937年,為了加強各坑礦產之統整,簡化坑外運送的過程,因此開鑿石底大斜坑。大斜坑於兩年後全部完成,以15度俯角向下傾斜,寬4公尺可容納複線軌道,全長900公尺,在坑

↓菁桐車站現貌。除了建於
1939年古樸的木造站房,菁桐
車站又以長達百公尺的降煤櫃
著稱,證明了產煤時代輝煌的
過往。攝影/古庭維

06
137

↓在菁桐車站附近，跨過山谷的台車架橋，是青桐煤礦最為人所知的風景，H型的橋墩至今仍存。攝影／古仁榮

底又有向西2,500公尺長的坑內電車道。至此石底煤礦在台灣礦業史上之地位已然確立。

所謂的石底煤田，其實是從平溪向西延伸至石碇的松柏崎一帶。分水嶺以西的礦場，後來獨立為文山煤礦。文山煤礦的交通在當時更不方便，因此直到1940年代才延長五坑台車線到達十八重溪（文山煤礦一坑所在地）。然而這條延伸的路線，距離長且翻山越嶺，台車運轉相當危險，所以隨即又興建卡車道銜接至石碇，改由景尾（今景美）車站轉運。為了徹底改善交通，由石碇雙溪口到菁桐坑的雙菁公路於1952年完成，沿線煤炭運至菁桐車站轉運。由此我們也發現，平溪鄉最重要的對外公路（瑞平、雙菁公路，目前同屬106縣道）都與礦業脫離不了關係。

台陽鑛業在戰後持續開鑿新坑，或是重開廢坑，例如平溪煤礦，前身就是原已廢坑的石底三坑。在1955年，台陽鑛業利用美援在菁桐車站西南方的白石腳開鑿新坑，命名為白石腳煤礦，後改稱石底新坑，最後定名青桐煤礦，仍沿用菁桐車站之設備，煤炭出坑後以小型電力機車運至車站。然而繼石底大斜坑在1975年收坑後，此礦由於出炭不佳，在1987年就結束開採。石底煤礦之輕便車路線，最長時曾由文山煤礦翻過分水崙一路直抵菁桐，在青桐煤礦收坑後，也宣告當地的運煤台車從此走入歷史。

↑青桐煤礦是1950年代利用美援開鑿，許多同年代的坑口都是這個造型，並且使用電氣化的輕便車。攝影／古庭維

路線現況

石底煤礦除了礦場內的軌道，菁桐至五坑的台車線相當具有規模。這條聯絡石底五坑的輕便線，從菁桐車站的尾端開始，首先經過一座短隧道，之後沿著基隆河谷向西，並以斜坡索道及隧道穿過分水崙，再經一座隧道後抵達五坑。不過目前這段路線遺跡並不多，僅有菁桐站尾端止衝擋旁的隧道被雜草淹沒，以及緊臨這座隧道的H型橋墩遺跡。而這兩處遺跡的路線，一直使用到青桐煤礦結束營業才功成身退，其實距今也不過二十多年光景。

位在菁桐站上方的石底大斜坑，保存相當完整，斜坡由坑口一直延伸至捲揚機房的配置仍清晰可辨。可惜的是，礦場內原本有許多軌道，由於缺乏安善保存，已經漸漸損壞、消失。至於最後收坑的青桐煤礦，雖然軌道已經全部撤去，但是坑口保存完整，周邊環境經整理後目前為私人民宿，提供住宿。

旅遊何處去

石底煤礦與菁桐煤礦（選洗煤場、降煤場、坑口、日式宿舍群）

1.搭乘台鐵列車至菁桐下車。

2.台北捷運木柵站轉搭台北客運1076（原16）公車，至菁桐坑下車。

3.由木柵、深坑或瑞芳經106縣道可抵達菁桐。

順遊景點

菁桐車站與老街

青桐礦業生活館

石底俱樂部（俗稱太子賓館）

平溪老街

體驗礦場風情
新平溪煤礦

歷史沿革

　　一般人的印象中，煤礦場好像都侷促在狹窄的山谷間，背山面河腹地狹小，擁擠而亂中有序不停運轉。但1967年才開始生產，年紀算相當輕的新平溪煤礦，雖然坑口也位在山間，卻擁有廣大的腹地，令人印象深刻。尤其規模龐大的礦場鐵道，排列起來相當整齊而壯觀。

　　新平溪煤礦於1965年開坑，是以大平硐深入後再分出斜坑之方式開採，與菁桐煤礦相當類似，甚至連隧道口及台車設備都有異曲同工之妙。整個坑外的礦場大致可以分為三層，最上層是坑口、捨石場及翻車台，中間是選洗炭場，最下方則是降煤場。由坑口至翻車台間是以軌道運送礦石，再以輸送帶運至選洗炭場。坑口外另有路線中途分歧往捨石場，經過幾十年的開採，捨石場已經成為一座顯眼的小山頭。新平溪煤礦最為人稱道的，是牽引礦車的電力機車，被鐵道迷

↓新平溪礦場的軌道主要是連絡坑口、翻車台及捨石場，目前已經改為觀光台車。

↓台車跨過吊橋，是基隆河沿岸最具特色的礦場風情。圖為重光煤礦的台車，與新平溪煤礦是平溪地區最後收坑的兩家煤礦業者。攝影／古育民

←台灣煤礦博物館的遊客，正在聆聽有關新平溪坑口的導覽。台煤館是目前設備最完善，陳列最齊全的煤礦保存園區。攝影／古庭維

新平溪煤礦

↑現役時代的獨眼小僧，曾吸引大批日本鐵道迷前來一睹風采。攝影／黃威勝

稱為「獨眼小僧」，其造型與1930年代前後，日月潭工事線或金瓜石礦場鐵道的電力機車不大相同。獨眼小僧並非絕無僅有，鄰近的菁桐煤礦和苗栗的田美煤礦都有過他們的足跡，但新平溪煤礦卻是他們最後的舞台，像活化石般存活至1990年代。小巧可愛的

火車頭,簡陋的集電弓與電線,勾勒出一幅不凡的產業鐵道風景。

　　台灣的煤礦在1980年代曾連續發生多次重大災變,致使政府檢討煤礦政策,導向建立更安全之工作環境,許多礦場因不符標準而靜靜地退出產業舞台。新平溪礦直到1997年才停採,與附近的重光煤礦同為平溪最後收坑的礦場,而平溪地區八十年的採礦史至此也告一段落。

　　雖然新平溪煤礦已經停採,但1984年起接手經營的龔老闆認為,若不將這些文化資產保留,後代子孫將無緣再見,因此不但未將堪用的設備賣出,還不惜巨資成立「台灣煤礦博物館」,在2002年10月10日開幕。在博物館籌備時,礦場旁的基平隧道工程發現新礦脈,一時燃起再度開坑之希望,目前台煤館正積極進行整坑,即便無法發現適合開採的煤層,這樣的過程仍然是煤礦場的「動態保存」,也是台煤館不可取代的獨門特色。

路線現況

　　新平溪煤礦目前轉型為「台灣煤礦博物館」,展出各種開採煤礦機具及設備外,整坑的作業持續進行,可以說是動態保存的礦場。園區最具特色的設施,是原本由坑口至降煤場1.2公里之路線,經過特別檢修後,開行由運煤台車改造的觀光列車。原本載運礦石的台車,如今載人,遊客可親身感受煤礦由坑口外運之過程,是全台唯一的特殊體驗!不過早年壯觀的電車線門型架,由於安全問題,現今電線只有裝飾用途,而獨眼小僧目前則以蓄電池作為動力來源。有空前往平溪一遊,請記得來趟寫實的礦場體驗。

↓開採出的粗煤,由台車運至這個翻車台後,會再經由輸送帶運至洗選煤場。攝影 / 古庭維

144

↑若是「運氣好」,還可以遇到列車「跌馬」的小插曲。據館方表示,依照現有的技術,要將軌道整修得更平整其實不難,但是原汁原味的台車線更有意義。攝影 / 古庭維

↑搭乘台車的體驗，全長1.2公里，緩慢而顛簸的路途，是台灣煤礦博物館最特別的活動。攝影／古庭維

← 新平溪煤礦的捨石場位在台車線中途附近，煤渣和廢土在開採數十年後堆成一座小山丘。由於廢土經過洗煤處理，成分不利大型植物生長，因此僅有低矮的雜草叢生，相當容易辨識。攝影／古庭維

旅遊何處去
台灣煤礦博物館
全票200元，半票100元
1.搭乘台鐵列車至十分下車，往大華、瑞芳方向步行約10分鐘。
2.台北捷運木柵站轉搭台北客運15公車，至十分下車後步行約5分鐘。
3.由木柵、深坑或瑞芳經106縣道至十分後依指標前進。

順遊景點
十分老街與靜安吊橋
十分風景服務區
眼鏡洞瀑布
十分瀑布

北海岸

黃金傳說

07

早在大航海時代，台灣的金礦就是探險家追求的夢想，但歷經千辛萬苦，卻未發現富礦，反倒付出慘痛代價。直到1890年，修築鐵路的工人，在八堵鐵橋的工地發現基隆河砂金，終於開啟一陣淘金熱，進而發現了金瓜露頭。即使淘金人潮最多時已達數千人，然而清國政府無心經營，因此也未認真管理。直到甲午戰爭後，日清講和，約定台灣與澎湖永久割讓給日本，也從此開啟台灣現代化之路。金瓜石礦山的開採當然是重要的目標，引進現代化的生產及管理方式後，金瓜石礦山成為亞洲第一的金礦，並且還有銅、汞等礦藏。伴隨工業發展，原料、產品之輸運，以及工人、居民往來城鎮的需求，鐵道就這樣誕生了。

A 基隆輕鐵金瓜石線與瑞芳線

九份

隧道

金瓜石

瑞金公路

往瑞芳

柳榔路
觀光步道入口

隧道

流籠頭

頌德碑

九份

金瓜石

北35

北34

102

102

C 金瓜石線與深澳線

八尺門隧道

金瓜石線鐵路

舊八斗子

太平洋

一號隧道

國立基隆海洋科技博物館

八斗子

二號隧道

深澳

瑞澳隧道

深澳電廠

海濱

深澳線鐵路

瑞濱

三號隧道

四號隧道

濂洞

往八堵

宜蘭線鐵路

瑞芳

往蘇澳

台北市

基隆市

A B C

桃園縣

新北市

台北縣

新竹市

宜蘭縣

苗栗縣

新竹縣

台中市

台中縣

花蓮縣

彰化縣

南投縣

雲林縣

嘉義市

嘉義縣

台南縣

台南市

高雄縣

台東縣

高雄市

屏東縣

B 金瓜石礦山鐵道

金瓜石線鐵路

陰陽海

往八尺門

四號隧道

濂洞
（水湳洞）

147

十三層礦廠

無極索道

黃金瀑布

本山六坑

六坑斜坡索道

往瑞芳

台車軌道

北34

金瓜石

本山五坑（黃金博物園區）

黃金神社

路線資料
基隆輕鐵株式會社瑞芳線基隆＝三爪子：1912年通車，軌距496mm
瑞芳輕鐵株式會社金瓜石線柑子瀨＝金瓜石：1931年通車，軌距496mm

通往悲情城市

基隆輕鐵
金瓜石線與瑞芳線

歷史沿革

　　九份與金瓜石是大台北地區的熱門景點，拜交通日趨便利之賜，現在從台北市區到九份甚至不用一小時。但在鐵公路不發達、甚至付之闕如的20世紀初，要去金鑛山一圓發財夢可不是件容易的事。

　　當時瑞芳一帶已是礦場遍布，卻缺乏交通運輸。1910年8月1日，以木村久太郎為首的基隆輕鐵株式會社成立了，木村氏是總督府領台時的「御用商人」，來台後繼續經營各種營造與礦業；發起人

↓由瑞方通往金瓜石的路線，先經由斜坡索道爬上九份大竿林，順著山勢繞經九份市區，再穿過雞籠山隧道抵達金瓜石。斜坡索道路段如今成為琉榔路觀光步道，九份路段則成為輕便路，琉榔和輕便等命名，對這個古老的路線留下永遠的記憶。

148

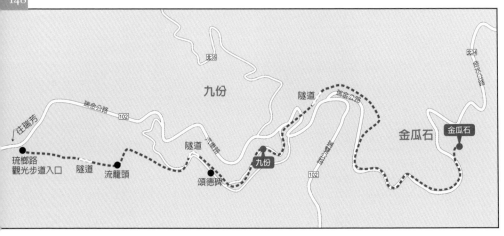

↓瑞芳一帶的基隆河沿岸，礦場密佈，但交通相對不便。在宜蘭線鐵路通車之前，基隆輕鐵株式會社所經營的三爪子線，由基隆經圓窗嶺、深澳坑、瑞芳到猴硐，是唯一的交通線。後來宜蘭線通車，這條台車線的經營重心便轉向金瓜石、九份貨品的接駁。攝影／古庭維

←1930年代初的金瓜石鑛山，除了由基隆輕鐵株式會社的路線之外，經由海岸通往八尺門的輕便鐵道也已著手興築。圖取自金瓜石鑛山概要

北海岸黃金傳說／基隆輕鐵金瓜石線與瑞芳線

150

中也包括顏雲年，這個公司的成立，其實與木村、顏氏合資的久年炭礦有直接關係。在基隆輕鐵的最初計畫中，預期興建由基隆一路通往大里簡（今大里）的輕便軌道，改善台北及宜蘭間交通最不便的路段。這在宜蘭線還沒通車的時代，可說是頗有企圖心的構想。但更重要的是，路線經過了久年炭礦的一坑與二坑，直接解決了該礦「降煤」的問題。

　　1912年12月5日，基隆輕鐵的瑞芳線通車了，由基隆出發，途經田寮港、圓窗嶺、深澳坑、龍潭堵、瑞芳（柑子瀨）、九芎橋而抵達終點三爪子，全長9哩，後來更名為三爪子線。此處的三爪子，並非今日瑞芳的三爪子坑，而是猴硐。在通車不久後，又展開各項改良工程，其中最重要的是田寮港和深澳坑之間的圓窗嶺路段。這座小山頭自古以來就是兩地間

的天險，由於盤山展線造成運能受限，因此在1914年完成了長約450公尺的斜坡索道，以及約180公尺的圓窗嶺隧道。為了避免隧道內滴水造成乘客不便，隧道路段專用的客車還裝有雨棚。

位於龍潭堵的久年一坑，以及路線終點三爪子的久年二坑，自1915年開始出炭，並利用輕鐵來輸送煤炭。隔年，就連賀田組經營的四腳亭五坑（靠近深澳坑）也利用基隆輕鐵降煤，將礦產運往基隆。這條輕便軌道的通車，不但帶動了礦業的發展，對基隆港的發展也有相當程度的貢獻。

由於當時瑞芳線是獨占的交通工具，當然生意興隆。然而1919年官鐵宜蘭線通車到瑞芳，乘客立刻減少大半；在煤炭的運輸上，雖然一開始靠著產量增加而勉強維持運量，但後來又隨著一些炭坑漸漸關閉，甚至宜蘭線通車到猴硐，從此基隆輕鐵的輝煌成績一去不回。因此進入1920年代之後，基隆輕鐵也積極經營金瓜石礦山以及東亞肥料會社（後來的台肥）的生意。同時期，另一條由基隆到金山的金山線，則是工程不順，好不容易在1930年全通，但營運也不如預期。在此情形下，基隆輕鐵將經營九份、金瓜石的金礦山作為轉型目標。

↑這條不起眼的巷子，其實是圓窗嶺斜坡索道的流籠頭，再往裡面走，可在小廟後方的山壁發現圓窗嶺隧道的西口。攝影／古庭維

↑在基隆市深澳坑路16號附近，山溝中一處不起眼的小坍塌，其實正是圓窗嶺隧道之東口。攝影／古庭維

↓1945年由美軍測繪的基隆地圖中，在東邊的一角，將圓窗嶺斜坡索道與隧道都記錄了下來。圖中的「Daisha」是台車的意思，台車線右往「Zuiho」方向延伸，此即瑞芳的日語發音。

北海岸黃金傳說／基隆輕鐵金瓜石線與瑞芳線

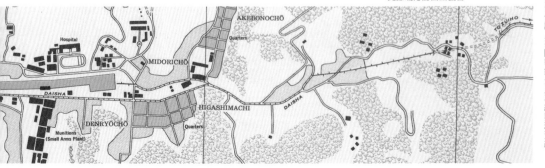

琉榔路觀光步道筆直的連續階梯，前身正是瑞芳輕鐵株式會社所建的斜坡索道，當時是前往九份、金瓜石最便利的交通工具。琉榔一詞則是來自索道的俗稱「流籠」。攝影／古庭維

152

↑琉榔路觀光步道中途的路塹和隧道，是這條斜坡索道最明顯的遺跡，也為這長長的階梯，增加許多趣味性。攝影／古庭維

瑞芳到九份的軌道路線，初期是由顏國年成立的瑞芳輕鐵株式會社經營，從瑞芳的柑子瀨到金瓜石總共6公里。這條路線在1931年7月竣工，並於11月開始營運。從柑子瀨到九份間因為坡度甚大，因此採用斜坡索道爬山，索道中途還有一座隧道。爬到流籠頭之後，再沿山腰繞至九份市區，在頌德碑之前又有一座短隧道。當時適逢九份金的盛產時期，著名的昇平戲院就在台車站不遠處設立。九份車站的位置大約是整條路線的中間點，往金瓜石尚有3公里的路程。之後路線穿過雞籠山隧道，繼續順著山勢腰繞至金瓜石礦山事務所附近。

這條路線完成後，便可與基隆輕鐵連絡，運輸金礦山所需的煤以及石灰石等生產原料。至此，由基隆到瑞芳終於建立起一條可靠的交通線，由基隆出發到九份，大約需要一小時的車程，雖然緩慢，但比起人力肩挑已是劃時代突破。然而輕便鐵道終究敵不過公路的競爭，一如台灣各地的輕便台車線，在瑞芳往九份的道路完工後，台車軌道便馬上

07A
153
北海岸黃金傳說／基隆輕鐵金瓜石線與瑞芳線

走向衰亡。戰後才十多年的時間，九份山城的輕便軌
道便拆除，成為今日的輕便路。而輕便路西邊山下的
地名琉榔腳，名稱就是由「流籠」的發音而來，這條
琉榔路觀光步道正是當年的斜坡索道。九份地區遊客
眾多，輕便路聲名遠播，然而這段交通發展的歷史過
往，卻不被一般民眾認識，相當可惜。

↑位於輕便道路旁的頌德碑，
建立於1917年，是為了紀念台
陽創辦人顏雲年而設。攝影／
古庭維

路線現況

　　輕便台車線結束營業的年代通常很早，並且因
為穿越市街，遺跡較難尋得。但由基隆到金瓜石的路
線，由於翻山越嶺，沿途經過斜坡索道以及隧道，成
為可以尋找的目標。圓窗嶺斜坡索道及隧道，位在圓
窗嶺靠田寮港側，如今的培德路14巷即為當年的斜
坡索道，觀察其驚人的坡度，不禁令人想像當年由隧
道鑽出，在斜坡頂遠望基隆港的情景。順著斜坡往
上，跨過培德路之後，很快可以在小廟旁找到隧道
口，不過另一端的隧道口已埋沒在土石中。

　　靠近九份的斜坡索道，則已成為琉榔路觀光步
道，在中段還有一座短隧道。流籠頭目前是一處廣場

↓九份老街著名的「輕便
路」，名稱由來即是因為過去
是輕便台車所經過之路線。鐵
軌撤去後的輕便路，仍保有坡
度平緩的鐵道特色。攝影／古
庭維

↓位在輕便路旁的大竿林五番坑,是瑞芳礦山的金礦坑之一,開鑿於1927年。是九份眾多礦坑中,遊客最容易親近者,不過坑口周圍全新施作的構造,與老礦坑非常不協調。攝影/古庭維

↘九份與金瓜石間隔著雞籠山的尾稜,地形界線相當明顯,因此被稱為「隔頂」。輕便鐵道並不越過隔頂,而是以雞籠山隧道穿過。這座隧道兩端皆保存得相當完整。攝影/古庭維

公園,視野相當好,能遠眺深澳港和員山子分洪道。順著步道往九份方向行進,不久接上輕便路,穿過素掘的磅空口之後就是頌德公園,同時整個九份景觀一覽無遺。沿著輕便路腰繞前進,跨過與102縣道的舊道口之後,就是穿過雞籠山的隧道。這座隧道與圓窗嶺隧道造型類似,相當低矮。穿過隧道後就是金瓜石,景觀與九份大異其趣。這座隧道近來已在整理,或許不久的將來就會成為一處新景點。

　　從瑞芳往金瓜石的這段路線,由斜坡索道開始,穿過三座隧道最後抵達金瓜石,親自走一回,除了健行健身之外,還能體驗這段交通熱線最原始的風貌,兼可欣賞九份與金瓜石不同的景觀。也可以搭乘基隆客運基隆往金瓜石的路線——與當年台車路線幾乎完全相同,也是一種體驗。

旅遊何處去
琉榔路觀光步道
1.自瑞芳搭乘基隆客運往九份、金瓜石班車,在琉榔腳下車。或搭車至九份,沿輕便路回程亦可抵達。
2.觀光步道下方入口在102縣道與北37鄉道路口不遠處,可依指標前往。
九份輕便路
1.自瑞芳搭乘基隆客運往九份、金瓜石班車,在九份下車。
2.九份老街可由102縣道或北35鄉道抵達。

順遊景點
九份
金瓜石

黃金的故鄉

金瓜石鑛山鐵道

歷史沿革

　　日本時代基隆山東側礦區被劃為「金瓜石鑛山」，並引進工業化生產，其經營公司曾數度易主。最早在1897年，由總督府「御用商人」田中長兵衛為首的田中組獲得礦權，成立「金瓜石鑛山田中事務所」；1925年讓渡給實業家後宮信太郎，改設「金瓜石鑛山株式會社」，後宮曾經營許多礦場，後來在金瓜石也大獲成功。1933年4月時，礦權又賣給「台灣鑛業株式會社」，並興建了十三層選煉廠，到了1937年，又更名「日本鑛業株式會社金瓜石鑛山事務所」（其實台灣鑛業本來就是由日本業出資成立）。戰後金銅礦場由國民政府接收，成立「金銅礦物局」管理，並在1955年改組成立「台灣金屬鑛業公司」。

　　由於成本不斷提高，到了1970年代台金公司已難以經營，最後孤注一擲，

↓金瓜石本山礦場軌道系統分布圖。由海邊的水湳洞車站，到礦場行政中心的本山五坑，中途要經過無極索道、六坑台車線、六坑斜坡索道以及五坑台車線，過程相當繁瑣。

陰陽海

金瓜石線鐵路

往八尺門

四號隧道

濓洞
（水湳洞）

十三層礦廠

無極索道

黃金瀑布

本山六坑

六坑斜坡索道

北34

往瑞芳

台車軌道

金瓜石

本山五坑（黃金博物園區）

黃金神社

↓金瓜石礦山事務所的建築群，包含辦公廳舍及宿舍，目前屬於黃金博物園區的範圍。共有「黃金博物館」、「環境館」、「太子賓館」、「本山五坑坑道體驗」、「煉金樓」以及「生活美學體驗坊」等設施，各館陳列不同主題，對於金瓜石礦山的介紹相當深入。攝影／古庭維

←金瓜石礦山的本山五坑，是距離礦山行政中心最近的坑口，也是保存最完整者。「本山五坑坑道體驗」目前是黃金博物園區的重點行程，遊客可以入內參觀，實際體會礦坑工作環境。攝影／古庭維

在水湳洞東方約四公里處設立禮樂煉銅廠，於1980年啓用，結果投資失敗，台金公司在1987年的污染事件下結束營業，資產轉移給台電及台糖兩個國營事業。而建於1933年的選煉廠，則日漸傾頹至今，壯觀的產業遺址成為濱海公路著名景點；陰陽海則更是一絕，其形成原因可能是煉銅廠廢水，亦有可能與金瓜石地區富含之金屬離子有關。

　　金瓜石**礦**山可分為許多礦區，最主要者為本山礦體，地勢最高的本山一坑位於大金瓜露頭，號碼往下依序增加，本山八、九坑已經位於海平面下。由於開採末期在大金瓜以露天方式開採，故本山一至三坑已經因開挖而消失，四、六、七坑則因土石崩落而消失或半掩，只有礦場行政中心所在地的五坑最為幸運，目前已轉型成為黃金博物園區。

↓本山五坑外的台車軌道，是從本山五坑通往西側不遠處的中央斜坡道。攝影／古庭維

金瓜石神社遺址是當地非常著名的景點，位置在本山四坑與五坑之間，墊高的地基非常精緻美觀。這座神社在日本時代即有黃金神社之稱號。攝影／古庭維

←從選鍊廠到六坑之路線為endless
索道,在金瓜石又被稱為無極索
道。這條路線中途會經過兩座隧
道,其中一座就位在選鍊廠上方的
路旁,常被誤認為礦坑,其實是一
座隧道。攝影/古庭維

↑日本時代的本山六坑,使用電氣化的台車鐵道。與日月潭工事鐵道使
用的電力車頭相當類似。圖取自金瓜石鑛山寫真帖

160

　　由於金瓜石**鑛**山規模龐大,其軌道運輸系統也
相當豐富。除了礦場常見的台車線,還擁有架空索道
及伏地索道,甚至也有電氣化的台車線,可說是集各
種軌道於一身。整個礦區的運輸系統,大約在1930
年前後建構完成,台車線由五坑開始,至六坑索道頭
(天車間),經過斜坡索道後抵達六坑,再經一小段
台車線後連接至「無極索道」。此類索道採雙軌迴路
之設計,因此被稱為「endless索道」,亦即沒有終
點之意,在許多礦場都有這類設備。無極索道先穿過
兩座隧道,然後由十三層的東側下山。這段豐富的軌
道旅程,由行政中心所在地的本山五坑,一氣呵成連
至水湳洞,最後銜接金瓜石線之鐵道至基隆。

→本山四坑已經崩塌遭掩埋，附近只剩相關機房遺址。攝影／古庭維

↓由黃金神社往下眺望，右側山腰上的道路，可以一路通往勸濟堂停車場。其實這條道路前身正是台車道，因此也保持著一定的坡度。停車場的邊緣，則是六坑索道的發送點，經由斜坡索道就可下到本山六坑。攝影／古庭維

六坑斜坡索道現況，鐵軌掩埋在草叢之下。一路向下的路線，其實也是
觀賞陰陽海景觀絕佳的位置。台北縣政府已決定恢復這段軌道作為觀光
用途，相信在不久之後便可搭乘纜車觀賞精彩景觀。攝影／古庭維

162

↓十三層選煉廠在1986年停產之後便廢棄至今，龐大的廢墟遺址宛若鬼城，也成了水湳洞最明顯的地標。廠房左側的草坡，也是當年上山索道的遺址。攝影／古庭維

↑台灣鑛業株式會社在1933年興建全新選煉廠，被暱稱為十三層。如此巨大的規模，不難想像1930年代的台灣已具備許多現代化的工業。圖取自金瓜石鑛山概要

路線現況

位在水湳洞的台金公司十三層廠區，於1986年停產，工場遺址日漸荒廢，依山而建的廠房氣勢凌人，廢墟景象令人震慄，被許多人暱稱為「龐貝古城」。三條大煙管如蟒蛇般向山上蜿蜒，更令過往旅人印象深刻。

本山五坑目前為黃金博物園區所在地，自坑口向左延伸至中央斜坡道之軌道，目前已整理成為台車線意象之步道；五坑至六坑索道之路線，則已成為一般道路，但其蜿蜒於山腰，起伏不大，仍具軌道路線之特色。位於勸濟堂上方停車場旁的六坑索道頭，已經毀壞僅存斷垣殘壁，但斜坡上之鐵軌仍存，只是雜草叢生。一路傾瀉而下的路線，背景是壯闊的陰陽海景觀。無極索道長1.8公里，沿途有兩座隧道，目前仍是少部分遊客尋幽探祕的好所在。

旅遊何處去

黃金博物園區（含地質公園、黃金神社）
門票100元，優待票70元（預計自2011年起免費）。
本山五坑坑道體驗，票價50元。
1. 搭乘台鐵在瑞芳站下車，再搭乘基隆客運。
2. 可自台北捷運忠孝復興站搭乘基隆客運台北＝金瓜石路線，或自基隆火車站搭乘基隆客運基隆＝金瓜石路線，在金瓜石站下車。
3. 開車可由台62線快速道路轉102縣道，或台2線轉北34鄉道。但假日須於九號停車場或水湳洞停車，再轉搭接駁公車

順遊景點

茶壺山
十三層選鑛廠

最美麗的海岸鐵路
金瓜石線與深澳線

歷史沿革

　　東北角海岸的壯麗風景，不論是崢嶸的巨石，或拍岸的浪花，總是令人留連；搭火車前往東北角觀海，旅情滿點，令人心生嚮往。台鐵的深澳線就是身處這得天獨厚的大自然美景中。深澳線的前身，正是由台金公司所經營，由水湳洞到基隆八尺門的762mm軌距路線，稱為金瓜石線，這條路線並末通至真正的金瓜石，但已抵達金瓜石的山腳下。路線終點即位於煉銅廠遺址旁，銜接伏地索道繼續

↓日本鑛業金瓜石線與台鐵深澳線的路線圖，兩者在八斗子一帶會合，八斗子車站的位置也不相同。深澳線從瑞芳至八斗子的路段，翻山越嶺，而金瓜石線則是一路沿著海岸線前進。

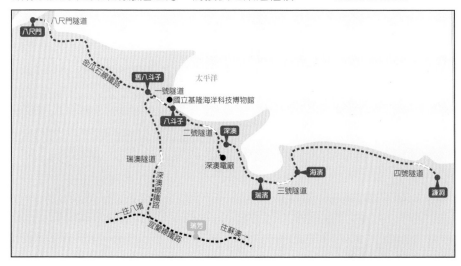

停看聽
鐵路平交

有柵門
鐵路平交道

↑又彎又陡的深澳線，擁有台鐵路線中最陡坡度及最大曲度，在在考驗司機的技術。尤其是天雨路滑的時候，更是讓司機倍感壓力。攝影／古庭維

←距離礦砂碼頭不遠的八尺門隧道，目前作為當地居民出入的通道。此隧道淨空相當寬，相當類似1,067mm軌距路線。攝影／古庭維

通往金瓜石，這樣的轉車過程是許多金瓜石居民共同
的回憶。

　　在1932年時，礦場之產品是利用架空索道運至
煉子寮，再以小船運至基隆港。至於金瓜石線，在
1933年之資料中，起點水湳洞，終點煉子寮，總長
4.0公里，尚在工事中；到了1934年，金瓜石線已經
完工，但里程為3.6公里；在1935年，從煉子寮至濱
町的「金瓜石延長線」也已經完成，同時這條
762mm軌距之路線擁有1輛汽油機車與4輛柴油機
車；1936年起兩段路線開始合稱為金瓜石線，總長
12公里。國府接收後，先成立金銅礦物局，1955年
改組成立台灣金屬礦業公司。根據1961年的紀錄，
從八尺門到水湳洞竟然要行駛一小時。

　　自從這條路線通車後，金銅礦砂可運至八尺
門，然後以小船運至基隆港，再換大船運回日本內地
精煉。台灣處處有礦業鐵道，但運輸金銅礦砂的金瓜

↓位在基隆和平島對岸的阿根納
造船廠遺址，其實前身是金瓜石
線鐵道終點的礦砂碼頭。目前所
遺留的建物骨架，巨大而壯觀，
是相當引人注目的產業遺址。攝
影／古庭維

↑深澳線最讓人喜愛的，就是其獨特的海景。攝影／古庭維

石線，算是非常特別。此路線於戰後營運狀況並不
好，終於走上停駛一途。然而瑞芳一帶煤礦產量豐
富，深澳地區亦有多處礦場，且1960年開始運轉的
深澳火力發電廠亦有燃煤需要，因此台鐵決定興建
1,067mm軌距的深澳線，以瑞芳作為起點，中途在
八斗子聚落附近接上金瓜石線，終點同樣是水湳
洞。台鐵的深澳線於1961年4月8日通車至深澳，後
段由於地方要求，因此也進行鐵道拓寬工程，直到
1967年10月31日才竣工通車，而金瓜石線則在同日

↓客運停駛前的海濱站，柴油
車後方還有使用中的降煤場。
事實上深澳線的興建，主要是
在運輸煤礦的用途，改善金瓜
石礦山的交通並非主因。攝影
／鄭銘彰

北海岸黃金傳說／金瓜石線與深澳線

←深澳線的八斗子站，設立在台北縣與基隆市交界處，與金瓜石線設立在八斗子市區完全不同。基隆海科館開業後，深澳線客運列車將先復駛至此。鐵軌延伸方向雄壯大山是九份與金瓜石間的雞龍山。攝影／古庭維

停駛，有趣的是，八斗子＝水湳洞這段路線，曾經很長的時間是兩線重疊的，現已無法想像當年情景。

　　台鐵深澳線通車後，客運狀況仍不佳，因此在1979年濱海公路興建時，先將海濱＝濂洞停駛，後又於1989年停駛全線客運列車，僅留下瑞芳＝深澳電廠的路線，作為運輸燃煤使用，一般民眾無緣搭乘火車欣賞壯觀的海景。

路線現況

　　深澳線歷史淵源悠久，金瓜石線時代終點位於基隆八尺門，原本的礦砂碼頭即「阿根納造船廠」遺址，隔著狹窄的水道與和平島相望。八尺門附近並保留隧道一座，目前為當地居民使用之通道。金瓜石線其餘遺跡已難尋找，然而八斗子至濂洞間，台鐵深澳線則保有清楚之路線形狀，路基、橋台、橋墩或隧道等等建物皆清晰可辨。海濱站保存得相當完整，除了站房目前作為居民聚會場所，弧形月台也屹立不搖。濂洞附近的海岸，目前仍存兩處橋墩遺跡，令人遙想

↓日本礦業金瓜石線列車行經焿子寮至水湳洞之間的路線。此路線雖為762mm軌距，但由鋼樑橋的規模推斷，很有可能是以1,067mm軌距之規格設計和建設。圖取自台灣を代表するもの

↑海濱站的站房和月台保存完整，而站房甚至改為社區聚會的場所。攝影／古庭維

168

當年列車經過此地時，不可取代的壯麗鐵道風光。

自1989年停駛客運列車後，深澳線僅存運輸發電廠燃煤之列車。然而深澳電廠已於2007年9月停機，待卸煤碼頭完成後將重新運轉，宣告深澳線提早功成身退。然而即將正式開館的國立海洋科技博物館，確定將以深澳線作為遊客疏運之工具，依此計畫，至少瑞芳到八斗子之路線將繼續存活，且目前已整修完成後段前往濂洞，甚至繼續往金瓜石的路線，則尚待有心人士發掘其不凡價值。

↑左側的聚落就是水湳洞，右側空地則是深澳線與金瓜石線的終點站遺址，目前是相當「壯觀」的停車場。此處也是著名景觀陰陽海所在地，若人文面向的工業遺產能與大自然美景結合，利用舊有軌道設施來連結，就是最現成也最道地的旅遊方式。攝影／古庭維

旅遊何處去

八尺門礦砂碼頭遺址（舊阿根納造船廠）

1.自台鐵基隆站搭乘基隆市公車101或205路（往和平島），在和平橋站下車。再步行約5分鐘即可抵達。

2.開車由國道1號基隆端，轉台2線（基隆市中正路）往東（宜蘭），左轉正濱路，在和平橋前右轉116巷。

八斗子站

1.自台鐵基隆站搭乘基隆市公車103、107、108路（往八斗子），在望海巷或終點站下車。

2.由台62線快速道路八斗子匝道，經調和街，至台2線（北寧路）右轉，月台在路旁邊坡上。

順遊景點：

和平島
海洋科技博物館
東北角國家風景區
陰陽海
十三層礦場遺址
黃金博物園區

迎著海風的 鹽場 鐵道

08

台灣是四面環海的島嶼，鹽業自然也是一項重要的傳統產業，在西海岸、甚至離島金門都曾設立鹽場。一般人或許難將「鹽」與「鐵道」聯想在一起。三百年前，台灣西部有了日曬製鹽的技術，而在廿世紀初期，則出現了順著鹽田修築的一條條鐵道；隨著運輸動力進步發展，鹽場火車接續登場，將一車車鹽民的心血結晶運出。然而隨著製鹽方式的改變，鹽田走入歷史，最後的鹽場鐵道也在1995年落幕，從此這充滿著海洋味道的火車只能在博物館中找尋了。

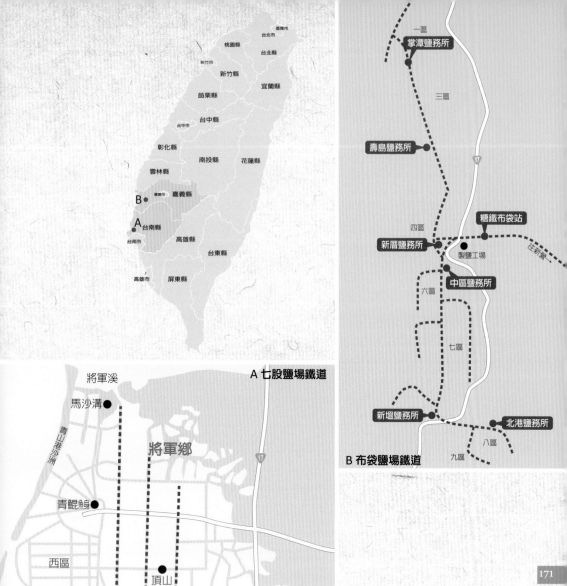

A 七股鹽場鐵道

一區

掌潭鹽務所

三區

壽島鹽務所

四區

糖鐵布袋站

新厝鹽務所

製鹽工場

往新營一

中區鹽務所

六區

七區

新塭鹽務所

北港鹽務所

八區

B 布袋鹽場鐵道

九區

171

將軍溪

馬沙溝

青山港沙洲

將軍鄉

青鯤鯓

西區

頂山

台區

中寮

七股鹽場（鹽業博物館）

七股鄉

176

往台南市↓

往佳里、隆田

台北市
基隆市
桃園縣
台北縣
新竹市
新竹縣
宜蘭縣
苗栗縣
台中縣
台中市
彰化縣
南投縣
花蓮縣
雲林縣
嘉義市　嘉義縣
B
台南縣
A
台南市
高雄縣
台東縣
高雄市　屏東縣

台灣鹽業發祥地
七股鹽場鐵道

歷史沿革

　　西南台灣的陽光，一年四季總讓人吃不消，早在三百多年前，先民看準天候特性，開闢許多鹽田，而其中面積最大者就是台南的七股。若提到現代化開發的七股鹽場，事實上是「七股台區鹽田」、「七股南鹽鹽田」、「七股一、二工區新鹽灘」與「西區鹽灘」的總稱，始於1938年台灣製鹽株式會社出資開闢的七股台區鹽灘，以及1943年南日本鹽業株式會社開發的七股南鹽區土盤鹽灘，即七股早期所謂的「台鹽」與「南鹽」。兩者在戰後由台鹽公司接手，並於海埔新生地另外開闢所謂的「後港鹽田」、「台區鹽田」和「青鯤鯓鹽田」。也就是前述的七股第一、第二工區新鹽灘與西區鹽灘。

↓七股鹽場佔地達1,800公頃，曾經是台灣西南部最大的鹽場。台鹽公司時代將鹽場分為四個生產區，第一生產區位在頂山、第二生產區位於中寮、第三生產區就是台區與西區、第四則是青鯤鯓鹽場。早期的七股鹽場鐵道大致上就是根據上述所提到生產區來修建的。

七股鹽場中央幹線跨越中寮大排的橋墩遺跡，遠方可以看見台灣鹽業博物館也正好位在鹽業鐵道的路線遺跡旁。攝影／鄭志忠

迎著海風的鹽場鐵道　七股鹽場鐵道

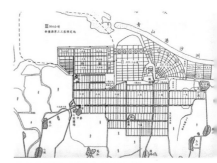

← 編號3號的加藤機關車在七股鹽業鐵道拆除後，一直保存在鹽場車庫內，是筆者頭一次探訪舊鐵道還能同時發現火車的。目前這輛可愛的車頭已遷移至台灣鹽業博物館內展示，少了海風吹襲，老火車頭也算安享晚年了。攝影／鄧志忠

台鹽時期的七股鹽場佔地約1,800公頃，曾經是當時台灣西南部最大的鹽場，當時將鹽場分為四個生產區，第一生產區位在頂山、第二生產區位於中寮、第三生產區是台區與西區、第四則是青鯤鯓鹽區。而七股鹽場鐵道大致上就是根據各生產區來修建。在初期，幾個生產區的鐵道並非相互銜接，直到1952年經由美援，才將七股的鹽場鐵道貫通，並且改善路線品質與機關車設備。七股鹽場鐵道運輸路線可分為：

中央幹線：由本場地磅起點至1區12號

東幹線：由4區28號分歧沿大寮大排至4區44號向北

↑七股鹽場鹽灘與鐵道分佈圖。圖中標示七股鹽場的地方，就是今日的鹽業博物館。

174

一七股鹽場的機關車庫,是整個七股鹽鐵遺跡中最大、也是最完整的,建於1955年,建築物正面還有名書法家、曾任鹽務總局長朱玖瑩先生的「機車庫」題字。攝影 / 鄧志忠

↓中央幹線上留有許多跨越鹽田給水路渠道的紅磚小橋台,這些給水路是將海水引入蒸發池形成鹵水的水道,或更高濃度的集鹵溝。攝影 / 鄧志忠

轉至2區31號

西幹線:從本場地磅出發經6區22、16號向北轉至1區21號

西幹支線:從6區10號分歧出至八棟寮附近北轉至5區1號、台區1號、2號、3號、4號與5號線

　　鹽場總線路長達29.5公里,曾是台灣鹽業鐵道的冠軍。1954年為方便運輸,鹽場鐵道路線與台糖佳里糖廠的原料線「七股農場線」銜接,以便藉由糖業鐵道系統轉運。散裝聯運部分,由佳里糖廠接新營糖廠鐵道至東太子宮站轉運台,若為包裝鹽則由佳里糖廠接麻豆糖廠鐵道至縱貫線隆田站,再以台鐵路線運送至高雄港出口。

　　1980年代台鹽公司推廣機械化鹽灘以降低生產成本,並在1987年夏天拆除七股鹽場鐵道。目前鹽場生產區內的鐵道已全部拆除,僅留下約80%路基明顯可見,而跨越幾座大排水溝的橋墩也存在。最令人欣慰的是機車庫還保留下來供後人憑弔,是全台僅存的鹽鐵車庫,不過早年因興建在私有地上,還曾面臨拆屋還地危機,台南縣政府為保護珍貴的

迎著海風的鹽場鐵道/七股鹽場鐵道

鹽鐵文化資產，已將其列入歷史建築。

筆者曾在七股鹽場巧遇當時的蔡場長，閒談之餘詢問是否還留有鐵道遺跡，於是在帶領下前往機關車庫。當時看到機關庫還如此完整，心中實在雀躍無比，沒想到打開了深鎖的大門，竟還留有一部編號3號的加藤機關車。目前這輛車頭已遷移至台灣鹽業博物館中展示，少了海風吹襲，也算安享晚年了。

附近舊鹽場辦公室旁還有一部2號機關車，配合造景把鹽場風光通通秀在一塊。當然現今的觀光景點——鹽業博物館，亦是值得一遊。位在七股鄉鹽埕村的鹽業博物館，是全台首座以鹽為主題的博物館，建築外觀造型仿效食鹽結晶，遠眺又貌似小鹽山，與七股鹽場大鹽山相互輝映，成了七股沿海新地標。

路線現況

七股鹽場的鹽鐵機關車庫，是整個鹽鐵遺跡中最大也最完整的，該車庫建於1955年，還留有名書法家朱玖瑩（亦曾任鹽務總局長）題字「機車庫」；車庫內鐵道尚在，但車庫外則是拆除得一乾二淨，偌大的空地不難想像當年規模。另外車庫旁的鹽場宿舍也相當具特色，只可惜現已拆除，若能整體保存下來別具意義。

鹽場內的鐵道遺跡不難探尋，因為七股鹽場的鐵道相當整齊有致，對照鹽場舊圖與現況地圖即可輕易推敲；另外中寮大

↑面對機關車庫左手邊的建築是後來才增建的，裡頭還留有鐵道與運鹽小台車。攝影／鄧志忠

排與滬汪大排中各留有一條鐵道舊橋墩遺跡，滬汪大排的橋墩上甚至還留有鐵軌，橋長也較長，但兩者同樣是紅磚橋台與橢圓形的水泥橋墩，橋面離水面相當近，這是鹽鐵的特色之一。

　　整體而言七股鹽場鐵道除了西幹線整條被西濱公路取代，剩下的路基都還可以找得到，甚至重新鋪上鐵軌也不是一件難事。或許有關單位也可以考慮修復一台加藤機關車，重新馳騁在七股鹽田之中。

↑鹽業博物館與七股鹽山是時下南瀛鹽分地帶著名的旅遊景點。攝影／鄧志忠

旅遊何處去
台灣鹽業博物館
開館時間：
11月到4月，上午9點到下午5點半
5月到10月，上午9點到下午6點半
每月第3週的週三休館
全票130元、優待票110元
1.國道1號麻豆交流道下，往佳里方向沿176縣道，接台17線再自176縣道或34-1鄉道即可到達七股鹽場，路程約20-30分鐘。沿途有指示牌。
2.先搭車至佳里鎮，於站前中山路轉搭往青鯤鯓方向之興南客運。

順遊景點
七股鄉黑面琵鷺棲息地
蕭瓏文化園區

鹽鐵的最後舞台
布袋鹽場鐵道

↓布袋鹽場鐵道路線圖，可以看見當年布袋鹽
田與鹽鐵橫跨東石鄉、布袋鎮與義竹鄉。

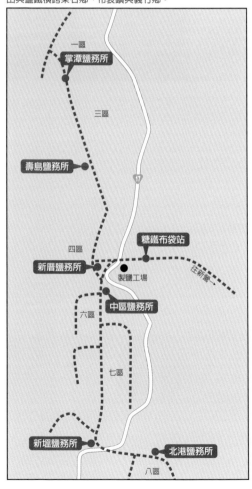

歷史沿革

位於嘉義縣東石、布袋地區的布袋鹽場起源於「布袋鹽灘」，原是1822年（清道光3年）7月，原台江內海舊有鹽田「洲南場」，因曾文溪洪水影響而損毀，次年新任台灣府知府鄧傳安下令承辦台、嘉販館的吳尚新辦理新「洲南場」遷建事宜，最後選擇在曾是乾隆53年核定廢棄的「大田場」舊址北邊，收購當地民塭籌畫建築改良新式鹽灘。

日本時代以現代工業管理經營鹽場，依需要上劃分十區，第一（掌潭鹽田）、二區（白水湖鹽田）於掌潭附近，三、四區（壽島鹽田）位於壽島，第五（新厝鹽田）、六（八區南北鹽田）、七區（中區鹽田）在布袋鎮周圍，八、九區（北港鹽田）於北港仔，第十區（新塭鹽田）則位於新塭虎尾寮。

其中第一、三、四、七、八、九區在

↓ 布袋鹽場鐵道仍在使用時，可看見運鹽台車與鐵道旁的白色鹽堆。圖為布袋鹽場六區鹽田。攝影／劉俊賢

迎著海風的鹽場鐵道／布袋鹽場鐵道

←位於義竹鄉境內的北港鹽務所舊址與改成公路的八區鹽田鐵道。鹽田生產區事務所遺跡目前尚存有北港、新塭、中區、新厝、壽島、掌潭等，均未拆除，且早期生產區事務所都在鐵道路線旁，是重要的鹽場遺跡，可一併造訪。攝影／鄧志忠

←布袋鎮上著名的鹽山地標，其實是早期布袋鹽場的鐵道車庫站場。攝影／鄧志忠

台灣製鹽株式會社1941年收購前，是由南日本鹽業株式會社投資管理，為結構良好、整齊的新闢鹽田，其餘均為老式鹽灘。由於併購前分別由不同公司經營，運輸鐵道路線也缺少連貫的系統，台鹽公司接管後於1952年藉由美援開始連貫場內路線及提升路線標準，次年連貫完成布袋鹽場鐵道路線，並且於1954年連接台糖新營、岸內糖廠布袋線，方便鹽產輸出。

布袋鹽場鐵道系統大致呈T字形，以台鹽製鹽總廠嘉義廠為中心，設置三角線，分別向南北分出幹線至北邊的一至五區，與南邊的七至十區，每區再分歧出支線，相對於七股鹽場整齊規律的鐵道系統，布袋鹽場顯然複雜許多。以往，在鹽場內由台鹽火車頭前往各區收鹽並拉回工廠，製成包裝鹽或是裝載散裝鹽列車，台鹽小火車會跨過台17線西濱公路到另一端

↓鹽廠小火車都有屬於自己配屬場的專有顏色，像是綠色的塗裝，就是當年七股鹽場鐵道停用後，調過來布袋繼續使用的加藤機關車。攝影／劉俊賢

布袋鹽場車庫外的大三角線，跨越渠道的鐵道殘構，見證了當年鹽場小火車的風光歲月。攝影／鄧志忠

迎著海風的鹽場鐵道／布袋鹽場

←由於長年的地層下陷，台灣西部許多地方都漸漸比海平面低。布袋鹽場的壽島附近，鐵道旁的秤量所與鐵道路基皆已漸漸沒入海水中。攝影／鄧志忠

的台糖布袋站，由新營糖廠派遣機車頭接運，包裝鹽直接運往台鹽新營運銷處倉庫儲放，或在台鐵新營站以省鐵轉運出口；散裝鹽則與七股鹽場相同，運往東太子宮轉運台，直接在此由省鐵貨車轉運。

　　1987年七股鹽場鐵道拆除後，許多堪用的小火車轉用於布袋，直到1995年8月18日停駛前，布袋鹽場成為台灣鹽業小火車的最後舞台，形形色色的各式火車頭讓機關庫「車滿為患」。鹽田中不但可以見到七股綠色塗裝與布袋黃色塗裝的加藤機車和日本協三製內燃機關車，現在台鹽博物館內的西德SCHÖMA四噸內燃機關車也在此度過殘年。

　　布袋鹽場鐵道因為運輸不敷成本與效率，以及西濱公路拓寬導致路線中斷，因此在1995年8月停用。許多火車頭被當作廢鐵賤賣，連機關庫也遭拆除，現在成為台鹽生技廠鹽堆，結合鎮公所公共造景作為當地的特色地標。而隨著布袋鹽鐵的停用，糖鐵布袋線也在同年停用拆除。

路線現況

　　布袋鹽場已停止生產，鐵道設備也早已廢棄，還好當年的幾部小火車頭、巡道車等，幸運地保留在七股鹽場。鐵道則是幾乎已全部拆除，不過在網寮、掌潭以及六區鹽灘附近，還可以找到廢棄的鐵軌。

　　位在布袋半路店的平交道看柵房，在1954年曾

↓位於東石鄉境內白水湖鹽場的鐵道遺跡，這附近鹽田海水中留有許多610mm軌距的台車軌道。半沒入水中的鐵道，不禁讓人聯想到宮崎駿卡通「神隱少女」中，行駛於水中的電車場景。攝影／鄧志忠

↑布袋、七股兩座鹽場的產品，在1954年開始藉由糖鐵輸出，開啟糖鐵鹽運的機制。糖鐵布袋線的東太子宮站，曾是散裝鹽的轉運站，糖鐵列車沿著坡道爬到上層，然後一粒粒的鹽就可卸下，裝進台鐵貨車中。糖鐵鹽運停止後，轉運站也隨之廢棄，好在當地社區相當重視地方歷史，將此處整理成為南紙社區卸鹽台公園，是糖鐵鹽運的永久紀念，也見證了鹽鐵、糖鐵、台鐵聯運的台灣鐵道黃金時代。攝影／古庭維

經配合糖鐵布袋線客運業務而在此設站，方便鄉親乘車。此處的鹽鐵設計成三角線，以利鹽場列車調度，目前尚存看柵房及平交道基座等遺跡，為後世見證台鹽鐵道的風光歲月。至於負責布袋鹽場聯外運輸的台糖布袋線，曾經在東太子宮站設置轉運月台，在當地社區的重視下，也整理成為卸鹽台公園，作為糖鐵鹽運歷史的永久紀念。

旅遊何處去
布袋鹽場
1.搭乘台鐵至嘉義車站，轉搭往布袋客運，在布袋加油站下車。
2.國道1號新營交流道下，轉172縣道接台17線。
南紙社區卸鹽台公園
1.位在新營市南紙里，可由國道1號新營交流道前往。
2.由新營糖廠徒步前往，大約1.5公里。

順遊景點
布袋漁港
好美里自然生態保護區

深入寶島的 林場 鐵道

09

寶島台灣不是浪得虛名，雖然面積不大，但由於島內氣候、地質、地形變化豐富，使得各種礦物、植物種類也非常多樣。林業很自然成為重要的產業。但清代的台灣林業，僅著重於樟腦與木炭，直到日本領有台灣後，才進行全面性的規畫，包括清代較少觸及的「蕃地」，總督府都細心踏查，以期將來能全面性地統治。於是，寶島中高海拔的檜木林在這樣的背景下相繼發現。為了運輸一根根原木，鬼斧神工的山地鐵道於焉誕生。如今各大林場已全面停伐，這些深入山林的運材鐵道，有的轉為觀光用，有的成為登山客借道的路線，但更多的是拆除或埋沒蠻荒，這或許也反映著環保時代的來臨吧。

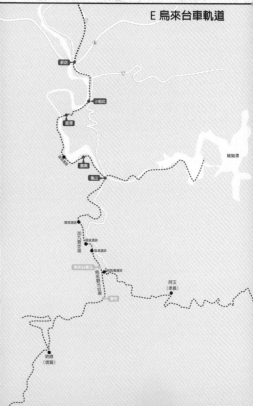

E 烏來台車軌道

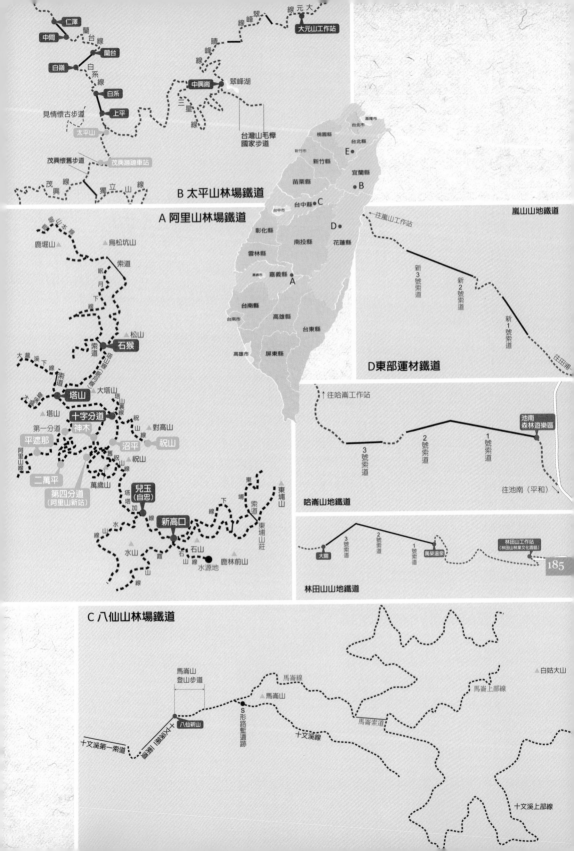

現代化林業之始
阿里山林場鐵道

歷史沿革

　　阿里山地區素來以森林鐵道、雲海、神木、日出、晚霞等「五奇」聞名，名氣之大毋庸贅述。而這五奇中，又以鐵道最具獨特價值，這是因為自然環境與人文歷史交織，營造出不可取代的故事性，也是阿里山最引人入勝的主題。

　　根據官方記載，阿里山的檜木林是1899年（明治32年）由小池三九郎技手發現，在小池提出報告之後，各種探察與計畫也緊鑼密鼓展開，也確立以美國式的森林鐵道為樣板。1903年，林學博士河合鈰太郎親自踏查阿里山，提出經營規畫，也決定鐵道路線，同年由川津秀五郎進行實測後，今日阿里山線的雛形已大致底定。然而，日露戰爭的暴發造成財政困難，此案只好

↓阿里山林場線鐵道可分為南北兩大系統，往南為塔塔加線，往北則為塔山線。尤幹線上又分出許多支線，或再利用索道連接許多「下線」。

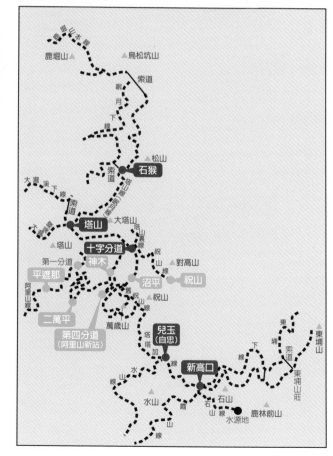

↓二萬平車站是阿里山鐵道最早的終點站，當時由於地勢平坦，面積恰好接近二萬坪，因此取名二萬平。由於是終點站，因此設有供機車調頭的三角線。攝影／鄧志忠

←1930年代的阿里山鐵道，客運列車可由嘉義直通至新高口。新高口位於今日新中橫公路的自忠附近，過去曾是登玉山之入口。除了方便林業工人進出，鐵道也帶著登山客到更高的地方開始登山。典藏／古庭維

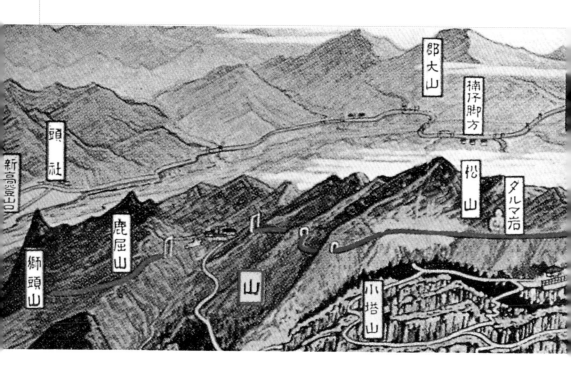

新高登山口 頭社 獅頭山 鹿屈山 山 郡大山 楠仔腳方 松山 タルマ岩 小塔山

轉向民營,並由具豐富拓殖經驗的藤田組取得經營權。

藤田組於1906年7月展開工程,嘉義到竹頭崎的平地段於1907年2月順利完工,但由於評估過於樂觀,沒多就發現經費短缺。雖然在1907年底,相當聞名的「獨立山螺旋線」完成,鐵道也通至梨園寮,但工程卻停頓下來,距離阿里山還不到一半路程,隔年,藤田組宣告放棄。

縱使如此,因為攸關基礎建設的原料來源,也對「理蕃事業」有重要影響,總督府仍不死心,經過國會數次的預算攻防,在1910年通過將鐵道收回官營,成立阿里山作業所。收歸官營的阿里山線,如期在1912年12月25日通車,當時終點是二萬平,所以車站設有三角線供機車調頭。這裡也是最初的伐木據點,地名由來是其腹地平坦,恰好接近二萬坪之故。一年多之後,1914年3月14日,路線延伸至沼ノ平(戰後改稱沼平),登山鐵道全線通車,辦公室、宿

↓位在塔山站的「我國鐵道最高地點」碑。左側隧道口是大瀧溪線。

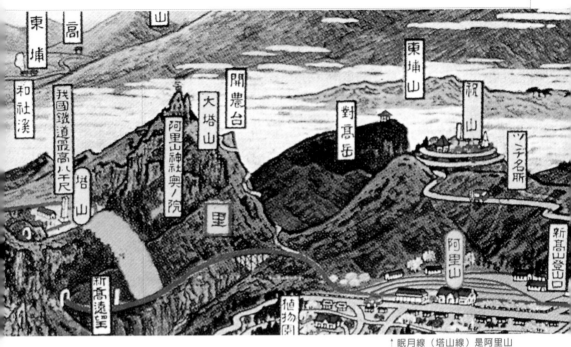

眠月線（塔山線）是阿里山林場鐵道中，最早開發的路線，至1930年代又以索道連結眠月下線。中途經過的塔山站，曾經是日本領土中海拔最高的車站，並且在站內立碑紀念，而眠月站旁的「タルモ岩」即是達摩岩，也就是著名的石猴，可惜已於九二一地震中震毀。玉山之登山活動也與阿里山鐵道息息相關，圖中最左與最右分別是台中州及台南州的「新高登山口」，前者由水裏搭乘台車至東埔起登，路途仍然遙遠，後者可搭阿里山鐵道至阿里山起登，甚至後來可直接至新高口起登，也使得登玉山成為更大眾化的行程。圖取自國立公園後補地新高阿里山（1934）繪圖／金子常光

舍和集材設施也遷移至此。由平遮那經二萬平到沼平的路線，共有兩次U形迴轉和四次折返，總共六次回頭的Z字形（zigzag）鐵道亦為登山趣味之處。

在鐵道全通之前，以沼平為中心的林場線已開始興築。林場線如同糖鐵的原料線，以放射狀深入各林班，將珍貴良材搬運集結，再經由登山本線下山。這些路線並不會一次修築完成，而是視需要而逐漸修建，因此路線長度、甚至名稱時常變化。當一處的伐木結束後，鐵道路線可能廢棄不用，也有將軌道拆除，供新建林場線鐵道之用。

阿里山的林場線可分為南、北兩大幹線，再分歧許多支線，或是再透過「索道」聯繫其他「下線」。往北的路線以塔山線（眠月線）為幹線，最早在1912年就開始興築，沿途在十字分道站附近分出塔山裏線、對高岳線、大瀧溪線。其中大瀧溪線又分歧支線、上線，再以索道連結下線；塔山線則在石猴站以索道連結眠月下線，終點處亦有索道連

←台18線新中橫公路的90.5K以後就是哆哆咖線舊跡，沿途仍有橋墩、橋台甚至隧道遺跡。圖為台18線92.4K處的第二隧道口現況。攝影／鄧志忠

接鹿堀山本線、後線，其位置已進入後來的竹山林區，是阿里山林鐵最北的路線。

　　往南的林場線則以哆哆咖線（塔塔加線）為幹線，隨著終點的推進，這條路線曾有兒玉線（自忠線）、水山本線、東埔線等名稱。此線於1912年開發，但直到1931年才築抵兒玉，同年底通至新高口，1942年才延長至哆哆咖。此外，興建哆哆咖線之時，由於土方坍塌，使得由新高口分歧的（舊）東埔線因而斷頭，直到戰後才在東埔山莊附近興建索道接回，名稱也改為東埔下線。此外，哆哆咖線中途也分歧許多支線，靠近沼平附近有祝山線、香雪山線，由兒玉分歧出水山支線（水山線、興岡線），至於霞山線和石水山線則由新高口分歧。最早的祝山線建於1912年，為今日祝山林道之前身。現在的觀日鐵道祝山線則是1984年新建，是阿里山林鐵中唯一由台

↑位在水裏坑的「新高登山口」碑，前方的軌道是通往東埔的台車線。此碑至今仍存，位在水里的頂崁，台16與21線之路口。攝影／林雲川，典藏／林雪惠

↓阿里山鐵路除了盤山展線的登山特色，具有直立式汽缸及傘狀齒輪的「Shay式」蒸汽機車，更是台灣鐵道史上的國寶車輛，目前仍有三輛維持可動狀態。攝影／古庭維

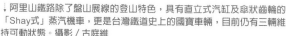

↑著名的眠月線鐵道，前身為林場時代的塔山線。阿里山林場除了登山本線之外，還有許多林場鐵道，自沼平輻射而出，其中就以哆哆咖線及塔山線分別為南北兩大幹線。以高級檜木搭建的高大橋樑，是台灣林場鐵道的共同特徵。攝影／古仁榮

↑玉山主峰海拔3,952公尺，據信是由日軍上尉長野義虎在1896年完成首登，開啓了日本政府在台灣中部山區的踏查，也促成阿里山檜木林的發現。攝影／古庭維

灣人建設，也是唯一的純客運線。

　　阿里山鐵路的客運，其實早在分段通車時，就已開始便乘的服務，但林場線也並非只載運木材的！阿里山在1963年停伐，至1978年所有的林場線停用，但為了推展觀光，林務局挑選塔山線修復沼平到石猴路段，稱為眠月線，在1983年復駛，可惜在1999年的九二一大地震遭逢重創，耗時十多年重建，至今仍無法順利通車。此外，為了推廣香雪神木，林務局也修復了哆哆咖線的一段，即將以水山線之名復駛。其實哆哆咖線的客運歷史非常悠久，日本時代即可由嘉義直通新高口，方便登山客攀登新高山（玉山）。這段搭火車爬玉山的歷史，直到林場線全面停駛，哆哆咖線改建新中橫公路才結束。

　　阿里山鐵路自1906年興工以來，最大的變遷莫過於2008年轉由民營公司經營。宏都阿里山公司於2008年6月19日接手經營鐵道，當社會大眾都在期待老鐵道的新生命時，10月12日樟腦寮附近發生了地層滑動，長達70公尺路基流失，結果只見宏都與林務局互踢皮球，實在令人不得不憂心這條鐵道的未來。

↘水山線的起點兒玉，國府遷台後依抗日名將張自忠將軍之名改為「自忠」。今日自忠派出所旁的特富野古道入口，就是水山線的起點。攝影／鄧志忠

↓特富野古道在2001年由林務局整修，前段3.7公里的平緩路段，就是水山線的鐵道。由於經過整修，因此相當好走，古道與鐵道交錯，可以輕鬆探訪。攝影／鄧志忠

路線現況

　　阿里山線在1963年開始轉型觀光至今，搭火車上山一直是相當有特色的旅遊方式。相對於此，林場線就較少受到關注，除了眠月線和哆哆咖線部分路段即將復駛之外，其餘鐵道大多拆除或荒廢，只有三條林場線在因緣際會下延續生命。

　　眠月下線停用後，改建為亞杉坪林道支線，是著名「溪阿縱走」行程之一段，可惜在九二一震後受損嚴重。水山支線由自忠起的3.7公里，是「特富野古道」的一部分，並且在2001年由林務局整修，古道與鐵道交錯，可以輕鬆探訪林場鐵道。至於曾有許多登山客「便乘」的哆哆咖線，目前台18線的90.5K以後就是舊跡，沿途仍有橋墩、橋台甚至隧道遺跡，勉強紀念這條台灣海拔最高的客運鐵道。

旅遊何處去
森林鐵道阿里山線
1.由台鐵嘉義站可搭乘阿里山線列車
阿里山森林遊樂區
1.由嘉義站搭乘阿里山線列車
2.由嘉義站搭乘嘉義縣公車，往阿里山
3.開車經台18線可抵達阿里山
特富野古道
1.開車經台18線可抵達自忠，步道起點在派出所旁

順遊景點
塔塔加遊客中心
玉山國家公園

09A
193
深入寶島的林場鐵道／阿里山林場鐵道

路線資料
林場線鐵道於1915年開始發展
殖產局羅東線土場＝竹林：1924年全通，軌距762mm
林務局羅東森林鐵路，1979年8月停駛

最大的林場
太平山林場鐵道

歷史沿革

太平山位在蘭陽平原的西南方，由於北台灣充足的雨水，使得這片檜木林的蘊藏量，比阿里山更為驚人，涵蓋面積居所有林場之冠。太平山的名稱和阿里山類似，皆非特定的山頭名稱，而是地區名。此區森林茂密，原住民稱為「眠腦」，意思是

↓由竹林至土場的羅東線，於1924年全線通車，使得太平山區的原木，可以經由此平地線轉運至宜蘭線羅東站。由土場至太平山的登山過程，採用山地鐵道與索道的銜接，此種轉運模式在太平山奠基，並推展至其他林場。翠峰湖一帶的鐵道，原本屬大元山林場，後來才興建晴峰線與三星線接軌，而與太平山有所連接。

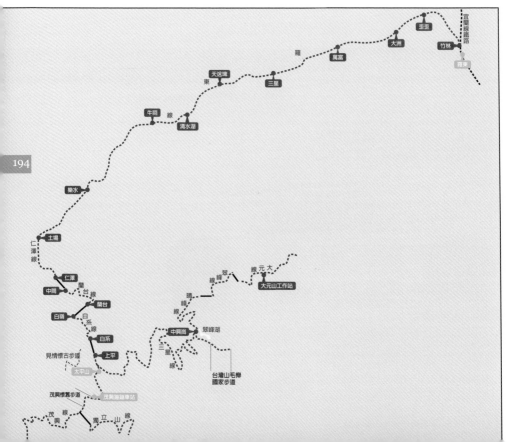

↓太平山位在蘭陽平原的西南方，由於北台灣充足的雨水，使得這片檜木林的蘊藏量比阿里山更為驚人，涵蓋面積居所有林場之冠。此區森林茂密，原住民稱為「眠腦」，意思是森林資源豐富之處。攝影／古庭維

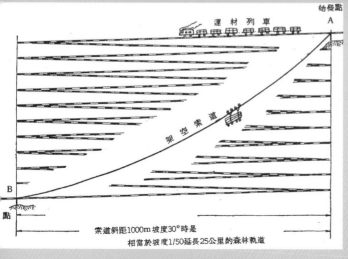

運材列車

始發點

A

架空索道

B

點

索道斜距1000m坡度30°時是
相當於坡度1/50延長25公里的森林軌道

←阿里山鐵道擁有螺旋形和Z字形登山路線，雖然令人讚嘆鬼斧神工，但其實是很不經濟的運輸方法。因此後來設立的林場，便是以索道作為最重要的登山工具。圖取自台灣之伐木工程

森林資源豐富之處。這片原始林在1906年才首次被理蕃警察注意到，同年，阿里山鐵道已在藤田組的規劃下展開工程，但太平山地區由於原住民相當剽悍，林業的開發還是遙不可及。

「理蕃」事業一直是台灣總督府努力的目標。在此前提下，第五任總督佐久間左馬太上任，他曾參與1874年的牡丹社事件，果然在強勢的領導下，1910年起開始「五年理蕃計畫」，以武力征討原住民部落，最後以七十歲高齡親自督軍完成太魯閣之役，理蕃事業暫告一段落。對開發太平山而言，也等於開啓了進入參天巨木群的鑰匙。1914年營林局派員勘查，果真發現大量檜木林，隨即擬定開採計畫。

最初的伐木據點，是介於仁澤與太平山之間的蘭台附近，初期缺少運輸設備，因此僅能興建傳統的木馬道或是修羅滑道，都是相當危險的運材方法，之

↑羅東林鐵的竹林車站，雖然曾於1996年的風災受損嚴重而拆除，但在2006年又依原貌重建完成，且連同原本的站場、儲木池規劃為林業文化園區，遊客絡繹不絕。攝影／古庭維

↓儲木池的功能在於將原木的樹酯浸出，同時減少碰撞的耗損。羅東儲木池景色宜人，是羅東地區的著名觀光地，也是永遠的林業紀念地。攝影／古庭維

後才漸漸增加台車軌道。而林場也缺少對外的交通，因此利用濁水溪（蘭陽溪）進行水運，以「管流」方式將原木流至宜蘭員山貯木。

然而，管流雖然相對省事，卻較為危險，且原木互相碰撞使得品質降低。恰好台灣電氣興業株式會社興建發電廠，預計截流引水，將使得管流作業中斷，於是只好先幫忙出資建鐵道。土場到天送埤間19公里的路線在1918年起工，至1921年完工，發電廠也在1922年通水發電。同時期位在二結的台南製糖株式會社，已有天送埤到歪子歪14.5公里的原料線，因此營林所（原營林局）直接租用，木材可由土場直抵歪子歪。

高瞻遠矚的羅東街長陳純精，此時順勢捐出竹林地區的16甲土地，使得營林局將辦公室和貯木場遷至羅東，配合居民捐款五萬圓興建「羅東街寄附

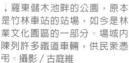
↓羅東儲木池畔的公園，原本是竹林車站的站場，如今是林業文化園區的一部分。場域內陳列許多鐵道車輛，供民眾憑弔。攝影／古庭維

深入寶島的林場鐵道／太平山林場鐵道

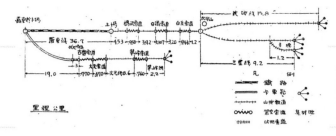

線」，又將鐵道延長至竹林。這段長3公里餘的寄附線（寄附即贊助、捐贈之意）在1924年完工，至此著名的「羅東林鐵」土場到竹林終於全線通車。由於林場的設立，也開啓羅東的經濟發展。

羅東線除了運輸木材，自1926年起對外經營客運，沿途有歪子歪、大洲、二萬五（萬富）、三星、天送埤、清水（清水湖）、牛鬪、濁水（樂水）、土場等站。戰後還一度與台鐵連接，1970年林鐵羅東站啓用，轉乘便利，次年甚至開行中華號特快車，結果大受歡迎，於是再向台鐵台北機廠訂做兩輛拖車以增加座位。不過風光歲月並不長久，公路的競爭很快就贏過鐵道，加上1978年黛拉颱風重創，客運縮短為羅東到天送埤。由於修復困難，羅東林鐵在1979年8月1日起停駛，兩年後山上的林場線亦全部停用。

雖然是木材輸出要道，實際上羅東線並未「登山」，對照阿里山線就是嘉義到竹崎的「平地段」。阿里山鬼斧神工的登山段，不論是螺旋線或是Z字形線，說穿了既聰明又愚笨。聰明在工程師設計的盤山展線，鐵道蜿蜒曲折減緩坡度，愚笨在列車緩慢行駛延長了運輸的時間。有鑑於此，太平山林場開發時採

/台7甲線牛鬪大橋附近的隧道口，是羅東林鐵三號隧道東口。羅東林鐵的舊隧道目前皆能尋得，但大多數需要涉溪而過，切莫於雨季前往。圖中的三號隧道已成為蝙蝠洞。攝影／古庭維

↓土場站舊站址陳列的中華號列車，在1971年推出，結果大受歡迎，還曾向台北機廠訂做兩輛拖車以增加座位。羅東林鐵在1979年8月停駛後，車輛轉至阿里山鐵道，加入中興號的陣容，之後亦隨中興號停駛而廢棄，直到2006年底才「回娘家」，重新陳列於土場。攝影／古庭維

↑見晴懷古步道係依見晴線改建，沿線鐵軌保存完整。寒流來襲時佈滿霧淞，別具風貌。攝影／古庭維

用了全新的方式，果然超越阿里山生產量。

最初太平山工作站的位置，位在多望溪左岸的多望山、神代山和加羅山之間。但由於林木砍伐殆盡，因此在1937年將據點遷移至多望溪右岸，舊址完全放棄，從此太平山有了新舊之稱。然而，不論是新、舊太平山，都沒有鐵道直接通往土場，而是利用架空索道克服高差。這樣的路線配置以新太平山更為明顯，由土場至新太平山，總共要經過鳩澤線（仁澤線）鐵道、鳩澤索道、蘭台線鐵道、白嶺索道、白系線鐵道、白系索道，最後由太平山線連接茂興線進入工作站。新太平山的索道，是由堀田蘇彌太郎所創的改良索道，1930年首次使用於舊太平的樫木平索道，由於穩定、安全、效率佳，因此廣為使用。以鐵道銜接索道的運材方式，也是後來各林場所採用的主要方法。

太平山的林場線，是以茂興線和三星線為主要幹線，三星線在戰後還延伸至大元山分場。大元山原本是獨立的林場，1942年由南邦林業株式會社開發，其土場位在古魯，以鐵道、索道和卡車路將木材運出。太平山在1982年停伐，轉型森林遊樂區，

←翠峰湖環山步道部分由林場鐵道改建而來，因此特別在步道上製造了鐵道意象。攝影／古庭維

最受歡迎的「蹦蹦車」即為茂興線的一段，在1991年重新啓用；另一個相當著名的景點翠峰湖，則是大元山分場的範圍，連絡太平山與翠峰湖的平元林道，其實就是依原先的三星線鐵道所改建。現在由太平山公路可以迅速登山，平元林道改建翠峰湖景觀道路後更是好走，早年搭乘蹦蹦車接駁索道的過程已難想像。

↑太平山蹦蹦車的終點茂興站之後，就是懷舊步道的起點。此步道同樣是依茂興線改建而來，部分毀損嚴重的木棧橋，均有步道繞過，與見晴懷古步道類似。攝影／古庭維

路線現況

　　羅東線沿途遺跡頗多，天送埤站最為完整，站房、水塔甚至轉車盤皆保留下來，且受到社區重視，因此保存良好。竹林和大洲站皆為重建，但前者依原貌復原，古樸精緻，後者則是差異甚大，不知所云。竹林地區亦整理成為林業文化園區，展示鐵道車輛，儲木池則是郊遊好去處。

　　牛鬥、樂水、土場三站為型制相同的水泥站房，其中牛鬥車站保存相當完整，依然散發著小站風情；土場車站曾被改為遊樂區售票處，但月台已被剷除。除了車站之外，羅東線也有隧道遺跡，但由於位在蘭陽溪畔，大多要涉溪而過才能探訪。台7丙線牛鬥橋下的三號隧道東口，以及智腦堤防旁的七號隧道東口，是兩處最容易觀察的隧道口。

↓太平山最具人氣的「蹦蹦車」，行駛的是原本的茂興線。由於安全因素，原本恐怖的木棧橋均已改建為堅固的混凝土橋樑，但也少了原汁原味的林場鐵道風貌。攝影／古庭維

在林場線方面，太平山森林遊樂區即為新太平山，舊太平山早已荒廢，僅有獵人和登山客出沒。不過近年森林遊樂區積極整修步道，其中的「見晴懷古步道」，就是依舊太平時代的見晴線改建，沿途有許多鐵道遺跡。同樣類型的步道還有「台灣山毛櫸步道」和「翠峰湖環山步道」，此兩者部分是大元山分場的鐵道。至於最完整的鐵道遺跡，非茂興線莫屬。觀光蹦蹦車所行經的路線，橋樑皆以混凝土改建，但以茂興為起點的「茂興懷舊步道」，則可看到最原始的林場線樣貌，值得一遊。

↑由見晴懷古步道入口遠望，前方山坡上，隱約可見到兩道腰繞的路痕，就是舊太平山附近的鐵道遺跡。太平山伐木據點於1937年遷至現址，原本的聚落完全放棄。後方之高山是著名的「聖稜線」，左端為雪山主峰，右端為大霸尖山。攝影／古庭維

旅遊何處去
羅東林業文化園區
1.自羅東車站起，步行15分鐘可到
2.開車經國道5號，在羅東交流道下，轉196縣道可往羅東
大洲
1.搭乘羅東往梨山、南山、牛鬥、太平山之客運
2.開車經國道5號，在羅東交流道下，轉196縣道
天送埤
1.搭乘羅東往梨山、南山、牛鬥、太平山之客運
2.開車經國道5號，在羅東交流道下，轉196縣道
土場
1.搭乘羅東往梨山、南山、太平山之客運
2.開車經國道5號，在羅東交流道下，轉196縣道
3.開車經國道5號，在宜蘭交流道下，轉台7線及台7甲線
太平山森林遊樂區
1.搭乘羅東往太平山之客運
2.開車經國道5號，在羅東交流道下，轉196縣道
3.開車經國道5號，在宜蘭交流道下，轉台7線及台7甲線，在土場轉宜專1線（太平山公路）

順遊景點：
仁澤溫泉
棲蘭森林遊樂區

深入寶島的林場鐵道／太平山林場鐵道

09c

路線資料
林場線鐵道於1917年開始發展
殖產局大甲溪線久良栖＝貯木場：約1922年通車，軌距762mm
台中輕鐵株式會社豐原線貯木場＝豐原：1924年通車，軌距762mm

大甲溪畔的運材線

八仙山林場鐵道

歷史沿革

　　在久間總督的五年理蕃計畫，除了加強統御，對產業影響更是深遠，不但開啓太平山開發史，還因此「發現」八仙山。1911年，理蕃警察市來半次郎在白姑大山支脈上，來到一處充滿檜木林的高地，經測量發現海拔約八千尺，於是依諧音取名八仙山。理蕃計畫結束的1914年，由阿里山作業所負責調查測量，隔年即開始伐木，佳保台為林場所在地。

　　或許是當年阿里山鐵道的痛苦經驗，八仙山林場和太平山一樣，營運初期採用木馬道和修羅滑道，同時利用大甲溪進行管流運輸，再收集於土牛

↓八仙新山於1938年起開發，由佳保台開始以兩段索道連接，之後延伸之路線相當長，再經由索道連接上部線。其中十文溪上部線海拔達到兩千七百公尺左右，很可能是全台灣海拔最高的鐵道。

202

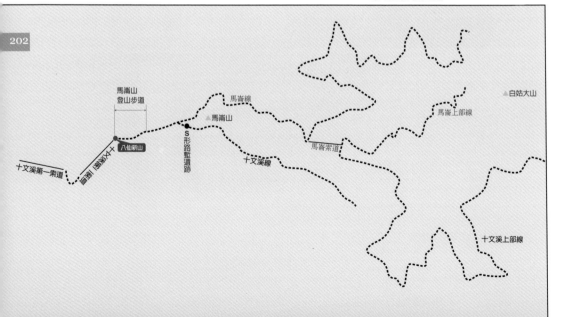

八仙山林場亦有新舊之分。舊八仙山的運材路線，主要是利用三段伏地索道進行爬升，規模之大是其他林場所未見。圖取自台灣之森林工程

203

恋木寶島的林場鐵道／八仙山篇

↓新社鄉的和盛公園，是八仙山林鐵土牛站舊址，公園整修時設立月台和鐵軌，作為社區的紀念。攝影／古庭維

↑大甲溪線屬於山地段鐵道，是由林場經營的不定期營業線，沿途有白冷、白鹿、麻竹坑、馬鞍寮、水底寮、和盛等站。圖為麻竹坑站現況，已成為民宅。攝影／古庭維

的貯木場。但是沒多久又發現路程過長，人力推送曠日費時，而且大甲溪水流湍急，管流容易造成木材毀損。於是軌道系統自1917年開始興建，包括林場內的伏地索道與運材軌道，以取代危險的滑道設施。

雖然遭逢原住民不服統治的武裝事件，致使工程受到影響，三段伏地索道和黎明到白岩間的呂賓線鐵道，遲至1923年才完成，佳保台到土牛長達四十多公里的木馬道也改為鐵道。隨後土牛到豐原13.1公里的輕便鐵道完成，並且在1924年8月23日開始經營客運。自佳保台到豐原的鐵道完成後，八仙山林場的木材始能暢通輸出，因此原本在土牛的貯木場也改到豐原，從豐原站另外還有700公尺長的側線，通往貯木場。

佳保台到豐原總長將近50公里，最前段佳保台到久良栖稱為「佳保台線」，長6.7公里，屬於專用線，最大坡度達千分之41。久良栖原名「古拉斯社（クラス社）」，依日文發音寫作久良栖，就是現在的松鶴部落。久良栖是客運終點，此處有林場宿舍。由此到和盛的路線稱為「大甲溪線」，屬於山地段鐵道，是由林場經營的不定期營業線，沿途有白冷、白鹿、麻竹坑、馬鞍寮、水底寮、和盛等站。和盛即原來土牛貯木場所在地。這條沿著大甲溪鋪設的鐵道，列車行駛於大甲溪畔的峭壁，中途有兩座隧道，也有Z形路線設計，最大坡度千分之35.5，頗有登山氣氛。

↓1940年代末期，八仙山林場的鐵道路線。圖中依然畫出了舊八仙山的系統，但未特別標明佳保台至斜頭角為伏地索道。圖取自台灣林產管理概況

和盛到豐原稱為「豐原線」，屬於平地段鐵道，由台中輕鐵株式會社經營，屬於私營鐵道營業線，沿途先後共有、土牛、學校裏、梅子、林厝、社寮角、九房厝、石岡、埤頭、朴子口、半張、翁子、豐原等站。這條路線和糖鐵也有銜接，在朴子口分歧，可通往潭子或月眉糖廠，在梅子附近則有大甲溪便橋通往東勢，因此曬稱為舊東勢線，停駛前曾與台鐵東勢線有一大段路線並行前進。

八仙山的林場線，路線不多卻深入高山。最早於1923年代啟用的軌道系統，是由佳保台出發，鐵道與伏地索道接續，連接至八仙山本線，再由黎明索道連結最上部的呂賓線，蜿蜒於白姑大山西南稜一脈。為了供應伏地索道所需電力，十文溪電廠自1922年開始發電。自1938年起，林場獲准開發馬崙山周邊，稱為八仙新山，並設立辦公室、宿舍及學校。新山的作業範圍相當廣，自馬崙線又以索道連接馬崙上部線及十文溪上部線，後者長達19公里，

↑ 松鶴部落亦保存許多林場房舍，類似花蓮的林田山，但由於交通不便，較少遊客到訪。攝影／古庭維

↘ 自1938年起，馬崙山周邊獲准開發，稱為八仙新山，並設立辦公室、宿舍及學校。如今在新山仍保有許多建築基地遺跡。攝影／古庭維

↓ 佳保台在八仙山轉型森林遊樂區後，成為旅遊據點，設有服務中心，即圖中紅色屋頂建築。遊樂區的聯外道路即為加保台線鐵道之一段，停車場則曾是集材地和鐵道站場。攝影／古庭維

深入寶島的林場鐵道

↑在台鐵東勢線通車後，八仙山林鐵停駛前，兩條路線曾在石岡的前後並行，八仙山林鐵也有舊東勢線之稱。

↓台灣日日新報曾於1927年票選台灣八景，結果由淡水、太魯閣、基隆旭岡、阿里山、日月潭、高雄壽山、八仙山、鵝鑾鼻等地獲選。八仙山因入選八景，因此在佳保台立碑紀念。現存之紀念碑為戰後重建。攝影／古庭維

已達白姑大山主峰下，海拔約兩千七百公尺處，很可能是全台灣海拔最高的鐵道。

八仙山、阿里山和太平山由於設備完善，區域廣、產量大，合稱三大林場。太平洋戰爭開始後，總督府無暇管理，相繼轉交台灣拓殖株式會社經營，大甲溪線與豐原線也一併整合，統一管理。戰後林場由農林處林產管理局（林務局前身）接收，合併為「八仙山森林鐵路」，然而1959年的八七水災以及1960年的雪莉颱風接連重創，大甲溪線及豐原線難以修復，因此決議放棄，僅保留林場線鐵道繼續使用。不過，由於產能降低，加上1963年佳保台到新山間的索道損壞，於是結束直營的伐木作業，林場鐵道亦從此廢棄。八仙山林場於1985年設立森林遊樂區，經過數十年造林，如今又恢復茂密森林，已看不出林場時代的樣貌。

路線現況

八仙山林場知名度遠不如阿里山和太平山，相關鐵道也較少被注意。平地段由於經過高度開發的市區，已無車站存留，僅存零星的橋墩、橋台，在梅子附近則由地方團體設立指標，協助民眾尋找遺跡；土牛站原址也整建「和盛公園」，設有月台及鐵道造景。進入山地段，雖然鐵道已全部拆除，但路基大致仍可觀察，唯二的白毛隧道及裏冷隧道依然屹立，但不知何時會因土石坍塌而完全消失。大甲溪線的車站，僅有麻竹坑和久良栖兩座留存。松鶴部落在九二一地震時受重創，重建後居民發起營造部落特

色，林業遺址自然是一大重點，而久良栖車站更是重要見證。

　　佳保台在八仙山轉型森林遊樂區後，也成為旅遊據點，設有服務中心。目前的聯外道路即為原本佳保台線鐵道之一段，停車場則曾是集材地和鐵道站場，同樣在佳保台的馬崙索道下端著點，一直到2004才被因敏督利颱風引發之七二水災沖毀。位在馬崙山的八仙新山，留有建築殘跡，馬崙線鐵道則有一小段成為馬崙山的登山步道；在馬崙山頂前的一處鞍部，登山步道與十文溪線的S形路塹交錯而過，其餘林場鐵道已難尋找。

旅遊何處去

和盛公園
1. 自台鐵台中或豐原站，搭乘豐原客運往東勢或谷關，在土牛下車，再步行約5-10分鐘。
2. 開車經由台3線（豐勢路）可抵（石岡鄉）土牛，轉入和盛街、和盛巷即可找到。

松鶴部落
1. 自台鐵台中或豐原站，搭乘豐原客運往谷關，在松鶴。但舊車站位置相當高，得步行約30分鐘，可詢問居民老火車站位置。
2. 開車經台8線可抵松鶴部落。

八仙山森林遊樂區
全票150元，半票75元。
由豐原或東勢經台8線往谷關，於谷關右轉平先巷，即可前往八仙山森林遊樂區（可依指標前進）。

順遊景點
東豐自行車綠廊
谷關溫泉

纜車直達天際
東部運材鐵道

歷史沿革

　　台灣森林資源豐富，日本時代除了官方直營的三大林場，也有許多民營林場，計有望鄉山、香杉山、鹿場山、大元山、太魯閣大山、木瓜山、林田山等伐木事業，大多於1930年之後開發，或是大戰期間為了軍需而設，戰後悉數收歸國有。這些林場通常僅有簡單的軌道及索道，但位在縱谷的後三者，規模大、運輸系統完善，可與西部三大林場相提並論，甚至也有將林田山列入第四大林場之說。

↓嵐山、哈崙及林田山山地鐵道，均位於今日木瓜林區之範圍內。縱谷的山勢陡峭，且林場開發較晚，索道技術已經相當成熟，在路線的規劃上都是在接近平地的地方，就以連續索道迅速爬升。這三個林場的轉運站分別為台東線的田浦、池南（平和）及萬里橋（萬榮）。

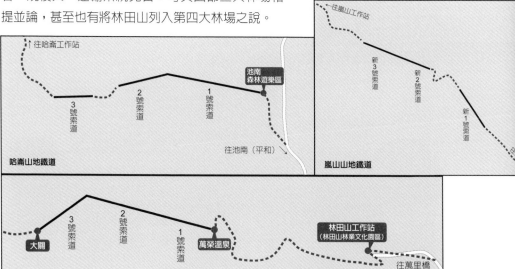

208

↓池南線於1934年通車，將木瓜山的木材輸出至池南站。廢止伐木後，池南森林遊樂區曾開行觀光蹦蹦車，但沒多久便停駛至今。攝影／古庭維

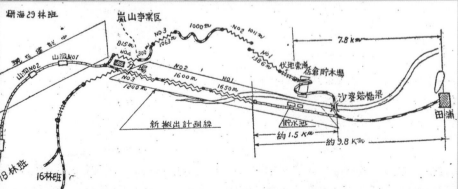

↑嵐山山地鐵道在1951年規劃改線，平地鐵道不再過溪，而是由太昌開始新建1.5公里路線至新1號索道著點。新線共有三條索道，於1956年5月完成。完成後之長度分別為1,560、1,600、1,250公尺，新2號索道號稱「東亞第一長索」，氣勢非凡。由於早年登山客常便乘嵐山鐵道下山，這些索道也令岳友們念念不忘。圖取自台灣之伐木工程

↑林田山林業文化園區內重修的木棧橋。有關單位曾考慮於此開行蹦蹦車,可惜後來沒下文。攝影/古庭維

↖林田山林業文化園區內,仍保存一輛加藤內燃機車及客車。此客車廂專門行駛於森榮至萬榮之間,提供林場員工便乘,在台灣鐵道歷史上是相當特別的車輛。攝影/古庭維

　　東部的林場,最早在1918年開始開發,當時官鐵台東北線已經通車,東台灣木材合資會社自平林驛(林榮站)興建台車軌道,沿知亞干溪南岸上溯開發,即戰後的林田山事業區。然而由於設備不足,加上東部交通不便,雖增資改為花蓮港木材株式會社,仍未見起色,終於放棄經營。直到1930年,又將目標轉移至木瓜山一帶,才建立起東部第一個具規模的林場,此即木瓜山林場。1934年,由台東線池南驛(平和站)至土場的池南線完成,用於將木材轉往花蓮港,此路線同時也與當地製糖鐵道銜接。當時三大林場已廣泛應用索道,直達天際的運材法,對於山勢巨大陡峭的縱谷再適合不過。

　　木瓜山林場的運材路線,稱為「哈崙山地鐵道」,由土場開始便以連續三段索道登上大景主線,索道間的鐵道非常短,此為東部運材的一大特色。林場在戰後歷經不同單位經營,路線不斷延伸,最後共有5座索道,鐵道沿中央山脈知亞干山支脈向西擴展,由最初的木瓜山,深入大檜山、壩嶺山及巴沙灣山一帶,最高處接近海拔兩千四百公尺。

↓森榮舊名森坂,當地居民仍慣稱其日文發音「摩里沙卡」,是工作站所在地,伐木聚落遺跡已成為著名景點。其開發始於1938年,由台灣興業株式會社投資,生產紙漿原料,目前已轉型為林田山林業文化園區。攝影/古庭維

↑林田山鐵道3號索道發送點，索道頭木架已經崩毀，僅存大轉盤遺跡。攝影／古庭維

東台灣木材合資會社投資失敗的林田山地區，到1938年才由台灣興業株式會社重新開發，生產紙漿原料，並選定萬里橋驛（萬榮站）西邊設立工作站，次年開始興建運輸設備。1940年，萬里橋至夕ガハン（大加汗部落）2.8公里的鐵道完工，稱為萬里橋線，即後來萬榮至森榮之萬森線。此線提供便乘服務，因此有客車一輛。林田山在戰後由台灣紙業公司（中興紙廠前身）接收，又因1972年森林大火損失慘重，再轉由林務局接手。

森榮舊名森坂，當地居民仍慣稱其日文發音「摩里沙卡」，是工作站所在地，伐木聚落遺跡已成為著名景點。由森榮出發，經由長僅4公里的溫泉線抵達萬榮溫泉，隨即以連續3段索道直達大觀線。戰前的林田山已完成4號索道並開發高嶺線木材，戰後除了延長高嶺線，又興建5號索道及高登線。自

↓哈崙山地鐵道3號索道之發送點，巨大的索道木架保存完整，搖搖晃晃的一輛載人流籠，永遠不會再出發了。攝影／古庭維

深入寶島的林場鐵道／東部運材鐵道

↑ 林田山鐵道3號索道發送點的車站，稱為大觀操車室，留有加藤機車一輛。以往搭乘蹦蹦車與索道，從工作站到此處僅需一、兩小時，如今得穿越蠻荒山徑耗時一整天才能抵達。攝影／古庭維

↓ 池南森林遊樂區內的索道遺跡，是哈溫山地鐵道的1號索道著點。索道頭烏居下方是載客用的車廂。攝影／古庭維

1961年開始開發的高登線，自海拔兩千四百公尺的高登，沿著中央山脈主稜往北直到草山（海拔2,811公尺）下，長達60公里，海拔最高達兩千六百公尺，耗時15年才完成，是戰後最大規模的高山鐵道工程。

太魯閣林場是因應太平洋戰爭所需，由南邦林業株式會社在1942年規劃開發，隔年展開山地運輸工程，預計開採帕托魯山一帶的森林。然而時值大戰，資源短缺，加上地勢高聳，只好從嵐山附近先行開採，但初期所產均投入林場本身建設，直至1945年7月終戰時始有餘力對外銷售，兩年後林場由林管局接收。

在林場設立之初，土場位於佐倉，當時已有田浦驛（東拓後取消）至吉野村之糖鐵，遂由林場自築3.7公里平地線予以銜接，其餘鐵道租借使用。除此之外，戰前也完成了4段索道，爬升近海拔兩千公尺，但佐倉至1號索道間的伏地索道，僅長140公尺卻在1947年才完成。太魯閣林場的運材路線，稱為「嵐山山地鐵道」，運輸線日趨完善後，才終於「如願」深入帕托魯山及立霧主山一帶。

由於佐倉腹地狹窄，加上沙婆礑溪橋樑損壞，重新檢討運輸路線後，在1951年著手改線：平地鐵道

↑嵐山山地鐵道的新1號索道，發送點所在地的調車場，停用20多年後已成為一片樹林，留下一輛加藤機關車，身影孤寂。攝影／古庭維

不再過溪，而是由太昌開始新建1.5公里路線至新1號索道著點。新線共有三條索道，於1956年5月完成，長度分別為1,560、1,600、1,250公尺，新2號索道更號稱「東亞第一長索」，氣勢非凡。

同時期花蓮糖廠欲將北埔、吉安二線拆除，經林管局協商，結果以換地解決。原來林管局曾展轉接收三五公司源成農場之路線（位於彰化竹塘），並打算拆除軌道移至林場使用，於是藉此機會與台糖交換，作為溪湖糖廠原料線，兩全其美。移交後的平地段鐵道，稱為太昌線，總長8.27公里。

木瓜山、林田山及太魯閣林場，歷經不同單位經營，最後皆納入林務局的木瓜林區管轄，至1989年才結束伐木，是最後的林場鐵道。在伐木末期，池南工作站已轉型池南森林遊樂區；林田山工作站則因交通方便，產業遺址風貌獨具魅力，已於2001年成立林田山林業文化園區。至於深山裡的哈崙工

↓嵐山新1號索道之鋼索並未完全清除，仍可在山谷間發現其蹤影。新1號索道之景觀絕佳，山徑寬大，不失為登山健行好去處。攝影／古庭維

↑自1961年開始開發的林田山林場高登線,自海拔兩千四百公尺的高登,沿著中央山脈主稜往北直到草山(海拔2,811公尺)下方,海拔約兩千五百多公尺處,耗時15年才完成,總長達60公里。如今高登線鐵道是前往七彩湖的登山路徑。攝影/古庭維

作站和嵐山工作站,雖然曾是生活機能完整的伐木聚落,命運則和1937年的舊太平山相同,從此荒廢在遙遠的森林裡。

路線現況

　　東部林場的廢止並不久遠,相關遺跡仍相當多,但由於大多位處深山,一般人並不容易親近。早年索道、鐵道暢通時,即有登山客藉此上山,節省時間和體力;林場作業停止後,雖然沒有便車可搭,但許多鐵道仍是登山客借道的路徑。林田山的高登線,

↓位在林務局南華工作站後方的森林公園，陳列許多原本木瓜林區運材鐵道的內燃機車。攝影／古庭維

由於是前往七彩湖的路線，或許是今日最有人煙的東部林場鐵道，但近年來風災頻仍，狀況大不如前，林務局已於2009年底公告禁止進入。

這些林場鐵道欠缺維護，損壞嚴重，尤其是木棧橋時常難以通過，重裝走行其上具相當危險性。若要輕鬆觀賞鐵道遺跡，可前往池南森林遊樂區，至今除了保存著1號索道著點，還有一小段池南線鐵道，曾短暫經營類似太平山的蹦蹦車；林田山林業文化園區，早已是花蓮著名景點，園區內的工作站建築群，極有懷舊氣氛，U形爬坡鐵道和整修後的木棧橋，也讓林場鐵道特徵展露無疑，過去萬森線的客車如今仍保存於車庫中，也是民眾合影的對象。位在吉安鄉的南華森林公園，在園區內除了保存製材機器，亦有原本木瓜林區運材鐵道之內燃機車。

深入寶島的林場鐵道／東部運材鐵道

旅遊何處去
林田山林業文化園區
1.搭乘台鐵至萬榮站，沿台16線往西步行約20至30分。
2.開車經台9線至萬榮，再轉台16線即可抵達。
池南森林遊樂區
1.自花蓮站搭乘花蓮客運，往壽豐方向，在鯉魚潭站下車，再步行約20分鐘
2.開車經台9線至干城，可依指標前進

順遊景點
南華森林公園
沙婆礑遊憩區

難忘的輕便車
烏來台車軌道

歷史沿革

　　在台灣鐵道歷史上，最早出現
的軌道，很可能是1876年八斗子官
煤井台車線。這是一種比「輕便鐵
道」更克難的運輸方式，只要簡單
鋪上鐵軌，把木板裝在輪軸上，就
可以用人力或獸力搬運了。在20世
紀初，台車軌道已遍布全台，從礦
場內外、城鎮之間，甚至縱貫線通
車前的接駁，到處都有台車的蹤
跡。台車扮演的是過渡期的推手，
在更高規格的鐵道啓用，或是公路
更發達之後，台車線紛紛走入歷
史，進入21世紀，全台灣僅存烏來
台車線仍在營業，且早已成了純觀
光用的鐵道。

　　1899年，來自奈良的土倉龍次
郎，在新店附近的龜山設立事務所

↓烏來台車線由新店出發，沿新店溪右岸上溯，至今日
的直潭壩附近跨過新店溪，此後一路沿新店溪和南勢溪
之左岸深入達福山，途中分別在龜山、烏來和信賢有支
線分出。龜山至鷺鷥潭的路線，在翡翠水庫完工後已沒
入水線之下。

216

↓在目前的烏來站不遠處，鐵道邊有一座吊橋頭，是建於1932年的南勢橋。當時往阿玉、桶後、西坑的台車線，就是在此分歧過溪，之後以三段折返式的路線，爬上對岸的小山頭。攝影／古庭維

↑烏來往阿玉的台車線，一開頭就相當險峻，先以吊橋跨過南勢溪，隨即以三段折返鐵道登山。

↑1930年代的「ウライ行台車發著所」，意即往烏來台車到發站。布條上標明沿途共有新店、小粗坑、直潭、廣興、龜山、以及烏來等站。典藏／古庭維

←1930年代的烏來台車。此圖地點在新店與小粗坑之間，大約是現在的青潭附近。由於乘客眾多，烏來台車在日本時代已有裝設藤椅，相當「高級」。典藏／古庭維

經營林業，此後年年擴展造林面積。當時原住民尚未歸順，因此開發範圍尚未深入山區。1903年由土倉為首，成立「台北電氣株式會社」，規劃在龜山興建發電廠，年底由總督府收購並改為「台北電氣作業所」。發電廠在1904年大致完成，同時隘勇線已推進至烏來山區，然而リモガン（林望眼，即福山）一帶的大豹社抵抗激烈，甚至發生攻擊發電廠的事件。

就在1905年龜山發電所竣工發電，以及隔年大豹社投降之後，烏來地區的開發正式啟動。然而，由於土倉家族破產，於是在1909年由三井合名會社併購土倉所租賃的林野地。為了山區運輸的方便，台車軌道誕生了。一如許多林場的台車軌道，烏來地區的台車路線，究竟是何年出現的並無明確記載。但各地林場鐵道發展歷程，大多是隨著林業開發而推進擴展，因此龜山一帶的軌道，很可能就在1909年三井開始經營林業時即展開興築。

↓「台北電氣株式會社」於1903年成立，規劃在龜山興建發電廠，年底由總督府收購並改為「台北電氣作業所」。龜山發電所1905年竣工發電，是台灣第一座發電廠，也開啟烏來地區的開發。攝影／古庭維

　　1921年，三井收購南勢溪周圍一萬多甲的土地，同時也引進大量勞工進行造林、伐木和運材的工作，拓殖的觸角正式伸入烏來山區，幾年後又在龜山設立了製茶工場。事業版圖的擴張，也代表台車路線的延展；在1926年的地圖中，即可發現起點位在廣興的「林用台車軌道」，到烏來後又繼續延伸，往東可到阿玉（孝義）和西坑，往南則可抵達ラハウ社（吶哮，即信賢）。

　　在1930年代初期，烏來台車線又與新店到鑛窟（礦窟）的煤礦台車線連接。當時總督府經營台灣有成，來台旅客逐年增加，距離台北較近的烏來溫泉、瀑布，也相當吸引觀光客；再加上新店烏來間居民的需求，原本運材的台車也開始載人，還設計有專用的「客車」。台車的發著所（車站）計有新店、小粗坑、直潭、廣興、龜山、以及烏來等站。

220

　　太平洋戰爭爆發後，日人積極尋找更深山的森林，結果發現福山一帶蘊藏檜木，因而將台車線延長至福山，原本的台車道也全部重修，「升級」為輕便鐵道，這也是現代版烏來台車的雛型，工程約在1945年才完成。今日仍可由一些隧道遺跡，根據其斷面大小判斷，這樣的路線標準絕非手推台車所用。然而，原本三井在烏來的事業，戰後由省營茶葉公司文山茶場接收，後來再由林管局經營，這條升級過的路線，始終沒有正式跑過動力車輛，也因此一直仍維持手推台車之形式。

↑加九寮溪與南勢溪匯流口的舊橋墩，是以前輕便軌道所使用。橋墩非常堅固巨大，實在不像單純以輕便為導向的台車線所用。攝影／古庭維

　　隨著公路交通的普及，烏來台車線愈來愈無用武之地。所幸觀光客逐漸增多，烏來與瀑布之間「狗骨頭」式的聯繫，讓台車保住一線生機。所謂狗骨式，是因為烏來與瀑布是兩個聚落，中間僅以公路或軌道相連。這1.6公里的路程，許多觀光客寧花錢用台車代步，久而久之也成了制式行程的一部分。由於搭乘台車的人愈來愈多，單線軌道交會不便，因此1964年增建複線；隨後空中纜車啓用，再創觀光高峰，烏來台車在1974年起改由動力車頭牽引，三井時代的計畫，最後竟因觀光而實現了一小部分。

　　鼎盛時期的烏來台車線，可由新店直通福山，如今僅存烏來到瀑布1.6公里，卻是全台灣最後的台車線。其軌距為545 mm，但依林務局資料卻為580 mm，可見仍有未解之謎。早年簡陋台車的景象雖已不復見，軌道也以水泥枕鋪設，仍是烏來最具人文特色的景點。烏來台車博物館第一期工程，早在2006年完成，然而至今仍未開放，殊為可惜。

路線現況

　　烏來台車線仍有許多遺跡可供憑弔，而且交通相當便利。在目前的烏來站不遠處，鐵道邊有一座吊橋頭，是建於1932年的南勢橋。當時往阿玉、桶後、西坑的台車線，就是在此分歧過溪，之後以三段折返式的路線，爬上對岸的小山頭。現役的觀光台車運轉速度快，雖已無古早味，但搭乘台車看瀑布仍是烏來的經典行程。在烏來到瀑布之外的鐵道，如今已完全拆除，由烏來往福山和孝義的公路，其前身正是台車道。

　　從小粗坑到龜山之間的路線，也大致改為一般道路，在廣興附近還有一座隧道。這座隧道斷面不大，行駛汽車略感侷促，但以台車來說算是很大的，

可能是當時因應升級為輕便鐵道而擴建。這樣的隧道，在加九寮步道中途也有兩座，其中一座仍可穿越。這條步道位在紅河谷到烏來觀光大橋之間，是利用台車線的路基改造而來，雖然鐵軌已經拆除，但原汁原味的地形地貌，最能體會當初台車運轉時的感覺。此外，靠近步道北端的加九寮溪谷，還保存了兩座高聳的橋墩，令人遙想當年推車工人穿梭於深谷間的情景。

↑ 加九寮步道即台車線的舊線跡，路程平緩陰涼，又能欣賞南勢溪風景，老少咸宜。攝影／古庭維

旅遊何處去
加九寮步道
1.從捷運新店站搭乘新店客運往烏來，在加九寮或烏來站下車
2.開車經台9甲線可往烏來，加九寮步道起訖點分別在加九寮及烏來景觀大橋
烏來台車
1.從捷運新店站搭乘新店客運往烏來，在烏來或空中纜車站下車
2.開車經台9甲線可往烏來

順遊景點
小粗坑發電廠
龜山發電廠
烏來瀑布

揮別糖香的
糖業
鐵道

10

西元1901年，新式製糖廠引進，開啓台灣邁向砂糖王國之路。為便利原料及成品的運輸，當時修築專用鐵道並以獸力牽引；直到1905年山本技師等三人至布哇（夏威夷）考察後，於1907年起引進蒸汽機車作為運輸工具。除了原料與貨運，糖廠客運路線，在鐵道王國台灣亦曾佔一席之地。糖鐵雖已百年，但時空已大為不同，糖業政策的改變，除了製糖工場逐年關閉，鐵路也漸漸不是運輸的主力。然而，近幾年許多糖廠轉型經營，陸續推出數條觀光五分車路線，又為台灣的糖業鐵道開啓新風貌。

基隆市
台北市
桃園縣
台北縣
新竹市
新竹縣
宜蘭縣
苗栗縣
台中縣
台中市
彰化縣
D
南投縣
花蓮縣
雲林縣
C
嘉義市 嘉義縣
B A
台南縣
台南市
高雄縣
台東縣
E
高雄市
屏東縣

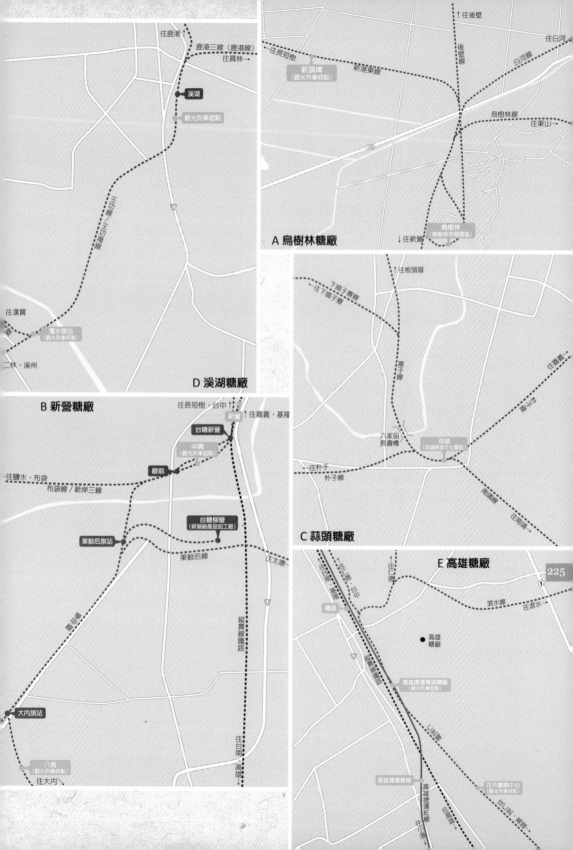

往鹿港
往鹿港三線（鹿港線）
往員林→

溪湖

觀光列車起點

主功線／主功短線

往漢寶

濁水旗站
（觀光列車終點）

二林、溪州

D 溪湖糖廠

↑往後壁

往長短樹
後壁線
往白河

新港東線
新頂埤
（觀光列車終點）
白河線

烏樹林線
往東山

172

烏樹林
（烏樹林休閒園區）

↓往新營

A 烏樹林糖廠

↑往板頭曆

下揖子寮線
往下揖子寮

崎子線

往嘉義

六家佃
長壽橋

往嘉義

蒜頭
（蒜頭原味文化園區）

往朴子

朴子線

南靖線
往南靖

C 蒜頭糖廠

B 新營糖廠

往長短樹、台中↑
新營 ↑往嘉義、基隆

台糖新營

中興
（觀光列車起點）

廠前

往鹽水、布袋

布袋線／新岸三線

台糖柳營
（新營副產品加工廠）

果毅后旗站

果毅后線

往大康

觀田寮線

縱貫線鐵路

大内旗站

往台南
高雄

八翁
（觀光列車終點）

往大内

E 高雄糖廠

往上曆、台中
往仁武
往仁武

滾水線
往滾水

橋頭

高雄糖廠

高雄捷運橋頭糖廠
（觀光列車起點）

高雄捷運商埔

花卉農園中心
（觀光列車終點）

高雄捷運紅線

往岡山、楠梓

往九曲堂

往小港

225

糖鐵復活先聲
烏樹林糖廠

歷史沿革

　　將近二十年前，電視劇「鋤頭博士」的播出，曾讓許多人對糖業鐵道風光留下深刻印象，然而，大部分鐵道迷專注於劇中的勝利號列車與老車站，對於劇情似乎不太記得了。這齣電視劇的故事場景，就是烏樹林糖廠的烏樹林線。烏樹林糖廠於1911年（明治44年）開始生產，是東洋製糖株式會社的製糖工場之一，到了1927年時，由於大股東鈴木商店破產，因此糖廠轉賣給明治製糖，戰後則由台糖第四區分公司接收。原料區遍佈於北台南縣，

↓以蝴蝶蘭聞名國際的烏樹林廠，是台糖五分車復活之先驅。觀光列車由烏樹林站出發，由烏樹林線駛出廠區，接著進入新港東線，至新頂埤站折返。新港東線於1922年通車，終點在長短樹。長短樹信號所當時是東洋製糖株式會社在八掌溪南岸重要的轉運站，戰後也成為南北線重要的交會站。

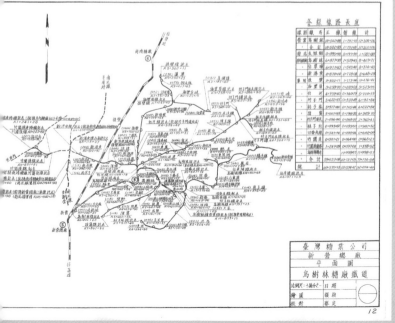

↑目前烏樹林休閒園區的觀光五分車，是行駛原本的新港東線，但在頂埤就折返。觀光列車的車頭畫有蘭花，因為烏樹林糖廠在停止製糖後，就以蝴蝶蘭的培養聞名。攝影／古庭維

←1977年烏樹林糖廠路線分布圖。典藏／鄧志忠

極盛時期路線長達九十餘公里，並分別與北邊的南靖糖廠、西邊的岸內糖廠及南邊的新營糖廠接軌。

烏樹林的原料區內，均屬適合甘蔗種植的旱田，在原料的取得相當有利，然因白河水庫修建完工後帶來便利的灌溉水源，農民紛紛改種植高經濟價值的作物，導致原料區萎縮，遂奉令於1983年7月關廠停壓，製糖工場拆除改建為「精農事業園區」，專事蝴蝶蘭研究與栽培，鐵道系統則納入新營糖廠管轄，直至新營糖廠於民國89/90年期製糖季停壓才結束原料運輸。

此外，煉製白糖所需的石灰石（原石），在日本時代採用進口，後因台南關子嶺枕頭山一帶產量頗豐，遂於1948年自五汴頭修建7.34公里的仙草埔線，直通枕頭山下的仙草埔卸石場，當年自美國引進的金馬牌內燃機車便負責石灰石列車的牽引。這條類

←觀光五分車抵達頂埤後，機車掉頭。攝影 / 古庭維

↑烏樹林車站不但是前往東山和白河的輻輳之地，也是兩地前往新營的必經之地。客運在1979年停駛後，車站隨之廢棄，甚至一度要被兩旁老樹壓垮，但在烏樹林休閒園區獲得普遍迴響之後，老車站的文化價值已被社會認識。攝影／古庭維

似登山鐵道的原石運輸路線，在糖業鐵道史上是獨一無二的。

　　由於關廠年代較早，加上較為邊陲的地理位置，烏樹林似乎就這樣被遺忘。直到「鋤頭博士」播出十多年後的2001年，在台南藝術大學師生與新營糖廠的努力下，老車站恢復舊觀，「烏樹林休閒園區」一開幕就獲得廣大迴響，開啓糖鐵復活之先聲。除了勝利號汽油車，幾年後370號蒸汽機車也在此復活，是第一輛復駛的糖鐵蒸汽機車。這個以懷

←美國製的金馬牌內燃機車，當初是為了關子嶺的原石原料線而進口，總共5輛全部配屬在烏樹林糖廠，目前已有1輛復活運轉。攝影／古庭維

舊五分車站及田園蒸汽五分車為號召的「烏樹林休閒園區」，在南二高交通便利的雙重影響下，早已成為南部地區最具名聲的觀光鐵道。

　　烏樹林糖廠的客運營業起步較晚，大約在1944年開始新營經烏樹林到東山的烏樹林線，戰後在1946年則開始烏樹林到白河的白河線。至於休閒園區主打的觀光列車，是利用新港東線鐵道的一段。這條原料線最早在1922年通車，由烏樹林出發，終點長短樹，在新營糖廠停止製糖前，烏樹林出發的原料列車可由此線通往新營。2002年新營糖廠關閉，新港東線停駛，幸好荒煙漫草的歲月沒有多久，這條路線又因為文化園區而重生了。

230

←烏樹林糖廠新港東線，途中會由台鐵路線下方穿越。這條路線是由烏樹林通往南北線的長短樹信號所，之後往北可達南靖，往南可到新營，亦可往西就是岸內糖廠，可謂四通八達。攝影／鄧志忠

Plasser & Theurer

KMX-12

糖業鐵道的砸道車，這樣的設備在台鐵時常可以見到，
但是以「輕便」著稱的糖業鐵道，竟然也有此工具，這
其實是為了南北線的保養而引進，也代表南北線事實上
並不「輕便」，是路線標準相當嚴謹的鐵道。攝影／古
庭維

路線現況

　　烏樹林糖廠的停產年代雖然較早，卻也幸運成為第一個糖鐵復活園區。進入園區，鐵道兩旁的樹木高聳繁盛，首先經過的是木造內燃機車庫，這裡停了曾以酒精為燃料的順風牌機車群，遠方有兩節阿里山林鐵轉運來展示的舊型客車；烏樹林車站的站場，散置著勝利號汽油車與小巧可愛的巡道車。一旁往倉庫的側線，同樣靜態陳列許多車輛，包括曾專跑原石線的金馬牌，以及少見的糖鐵砸道車。

　　目前行駛的觀光五分車路線，是循著新港東線至新頂埤站為止。為了節省人力，新頂埤站的轉轍器還經過小加工，成了簡易的「彈簧轉轍器」，真是糖業鐵道「輕便精神」的創意發揮。

↓烏樹林車站停放許多保存車輛，包括當年因電視劇「鋤頭博士」轟動一時的勝利號汽油車。休閒園區開幕時，原本勝利號也是定期行使的班次，但因遊客實在太多，無法負荷，因此改為團體包租使用。攝影／古庭維

↑新頂埤站的轉轍器,用黑布製作了簡單的機關。火車頭可以直接擠兌通過,之後因為黑布的彈性與拉力,會將轉轍器拉回正位(直行),其原理與彈簧轉轍器完全相同。攝影/古庭維

↑由370號蒸汽機車牽引的觀光列車正通過172縣道平交道。這輛蒸汽機車在修復後,已改造成以重油為燃料的鍋爐,因此不會冒出濃濃黑煙。攝影/鄧志忠

　　烏樹林車站除了是觀光五分車乘車購票處,還展示著早期糖鐵使用的服飾、閉塞器等設備,是糖鐵文化的活教材。附近的道班房、舊鐵道保警室,除了展出部分文物以外,目前闢為台糖冰店,販賣台糖出產的相關冰品。遠處的舊倉庫,目前則整理為休閒博物館及昆蟲館,展示雕塑、恐龍化石、天然奇石等,難免讓人有喧賓奪主、偏離主題之感。

　　烏樹林的「鎮園之寶」,除了老車站和勝利號,就是整修改為燃燒重油的370號蒸汽機車,定期在例假日開行一往復,成為全台最早恢復動態運轉、以糖鐵蒸汽機車牽引的話題列車,同時也是台灣第一輛定期亮相表演的蒸汽機車,在鐵道文化保存上頗具意義。在搭乘觀光小火車之後,也可以順便拜訪附近幾座早期的車站遺跡,來一段糖業客運鐵道懷舊之旅。

旅遊何處去
烏樹林休閒園區
1.搭乘台鐵至新營站,轉搭往白河客運,在烏樹林下車
2.國道3號白河交流道下,沿縣道172往新營方向,依指標前進即可抵達
3.國道1號新營交流道下,沿縣道172往白河方向,依指標前進即可抵達

順遊景點
白河鎮(蓮花)
西拉雅國家風景區

糖業鐵道重鎮
新營糖廠

↓新營糖廠觀光五分車行駛的路線，是由糖廠出發，經由學甲線，跨過急水溪後抵達八老爺附近的大內旗站，接著轉線進入大內線。新營是糖業鐵道重鎮，除了是南北線中途大站，另外還有三軌併用的新岸二線和柳營線，台鐵1,067 mm軌距的貨車可直抵副產品加工廠和岸內糖廠。

歷史沿革

　　說起新營糖廠，便不得不提到岸內糖廠。這兩座糖廠的關係好比雙子星一般密不可分，日本時代同屬鹽水港製糖株式會社所有，會社創立時本部設於岸內，後擴建第一工場於新營，本部才遷至新營。1946年台糖公司接手後，原來的鹽水港製糖會社被編為第四區分公司，行政管轄新營、岸內、烏樹林、南靖、蒜頭等五廠，1950年改為新營總廠，民國89/90製糖季結束後，這座製糖原料100%為鐵道運輸的糖廠從此停壓關廠，並拆除製糖工場等相關建築。

　　新營是台灣西南平原的中樞地帶，糖廠設立後，逐漸發展為糖業重鎮，也成為糖業鐵道的心臟地帶，路線四通八達。除了

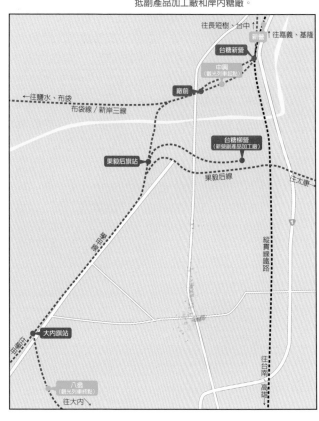

↑通過急水溪橋的原料列車。急水溪橋是糖鐵少見的混凝土大橋。攝影／鄧志忠
↑↑現在的糖鐵急水溪橋依然有觀光五分車行駛。攝影／古庭維

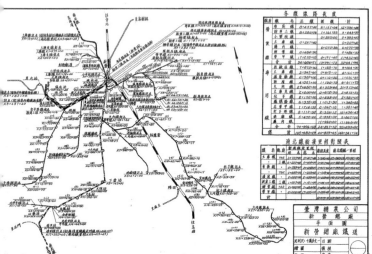

←1977年新營總廠路線分布圖。典藏／鄧志忠

與鄰近的岸內、南靖、烏樹林及佳里糖廠有所銜接之外，亦有往東及東南方的路線。里程相當長的內庄線（戰後稱大內線）除了延伸至大內，甚至與嘉南大圳鐵道連結，幅員遼闊。

　　臨近台鐵新營站的新營糖廠，擁有762/1,067mm軌距共用的三軌併用區間，包括通往岸內糖廠的「新岸三線」，還有往副產品加工廠的「柳營線」，這些併用路線在戰前就已連接完成。與新岸三線相同區間的，還有單純762mm軌距的鹽水線，兩線並肩前往岸內；至於柳營線則是具有多重身份，除了也是學甲線的一部分之外，這段路線也被納入糖鐵南北線的一段。三軌區間的設計，使得台鐵的大火車，例如載運糖蜜的糖蜜罐車，或是載運散裝鹽的敞車，可以長驅直入糖業鐵道的路線。

　　在客運路線方面，在1909年（明治42年）5月20日，正式開辦了新營至鹽水的營業線區間，此即鹽水線，到了1913年，客運業務又延伸至布袋。鹽水線是全台灣第一條糖鐵客運線，也是第一條私營客運鐵道，頗具時代意義。由新營通往下營的下營庄

↑大內線的原料列車通過渡頭溪鐵橋。大內線的渡頭溪和官田溪，都是類似造型的鐵橋，在台灣相當少見。攝影／鄧志忠

線，在1908年就已開通，到了1942年路線延長至學甲，更名為學甲線，並且也改為營業線，是下營和學甲兩個鄉鎮相當重要的聯外交通。

停辦客運後的鹽水線恢復原料線身分，但沿線許多客運時期的車站、月台，如兼辦行控中心的跨站式「廠前站」、「修理廠前」招呼站的紅磚月台、木造站房尚存的「東太子宮」站、鹽水站等等，都是這珍貴的「第一條」糖鐵客運遺跡。另外，鐵道進入已荒廢的岸內糖廠前，也有全台唯一的雙十字交叉名景，所幸未遭拆除。而新營至布袋的路線，過去曾有散裝鹽的聯運業務，在東太子宮站附近設有轉運台，該遺址已整理成社區公園。

鹽水地區觀光資源豐富，除了古蹟之外，每年的蜂炮活動更是揚名國際的民俗盛會，可惜鹽水線早已柔腸寸斷。相較於此，學甲線就幸運得多。停

237

壓後的新營糖廠於2003年起，配合柳營地區酪農特區開行觀光五分車，由舊秤量所改裝而成的中興站出發，沿三軌區間的柳營線、舊南北線中的學甲線，於大內旗站轉入大內線後抵達八翁酪農區，除了新建的木造車站，亦有其他設施，這樣的五分車之旅，有別於其他糖廠在五分車終點設置流動攤販，當然也讓遊客的印象更加深刻。

路線現況

新營糖廠觀光五分車，是配合柳營的營長牧場所開行，為目前里程最長的糖廠觀光路線。起點中興站位在糖廠內的中興路平交道旁，另一側是已拆除的製糖工場原址，仍可從鐵道的分布感覺以前廠區的規模，一旁弧形屋頂的機關車庫，除了有762mm軌距的火車頭外，也有1,067mm軌距的大火車。中興車站旁則有許多靜態保存的鐵道車輛，包括珍貴的382及350號蒸汽機車。

在倒數聲下，駕駛長拉一聲汽笛後出發，首先經過延平路平交道旁的舊廠前站，客運月台及售票口

↓ 一列糖蜜罐車正要爬上急水溪橋，前往新營副產品加工廠。如今這段彎彎的路線，也讓許多搭乘觀光列車的民眾印象深刻。攝影／張聖坤

↑左邊軌道是布袋線,中間為新岸三線,這兩條路線由新營併行至岸內糖廠;右邊則為學甲線／柳營線,跨過急水溪橋後抵達果毅后旗站。攝影／鄧志忠

保存狀況很好,天橋式的行車控制室則是當年新營糖廠的特色,就如塔台般管制進出的列車。沿著柳營線,至急水溪橋前與布袋線、新岸三線分離後,獨自往南朝柳營的方向前進;經過了台糖早期改建成RC結構的急水溪橋;左側匯入的是通往新營副產品加工廠的柳營線與果毅後線,果毅後旗站到了。由於觀光列車里程較長,加上單線行車,因此每逢假日班次較多時,雙向列車會在此進行交會。

交會完畢後繼續前行,沿路導覽員解說地區性的文史發展,通過舊八老爺站房後,便抵達大內旗站,列車在此轉入大內線,不久即抵達終點「乳牛的家」(前名為營長牧場)。為配合台糖開行的五分車,此處興建了新的木造車站,取名為八老爺站,不過本站台糖公司稱為「八翁站」。往後的大內線還有十餘公里,如今已漸漸淹沒在雜草間。

旅遊何處去
新營糖廠(鐵道文化園區)
1.搭乘台鐵,在新營站下車
2.國道1號,新營交流道下,沿復興路往新營方向,在新進路右轉,之後再右轉中興路即可抵達

順遊景點
營長觀光牧場
鹽水鎮(蜂炮、古蹟)

明治寶庫
蒜頭糖廠

歷史沿革

位於嘉義縣六腳鄉朴子溪畔的蒜頭糖廠，是1906年由明治製糖株式會社所建，戰後由台糖第三區分公司接收。由於原料區內的土壤與天候非常適甘蔗栽培，原料的品質好、產量大，黃金時期日壓量達2,200英噸，日本時代被稱為「明治寶庫」，壓榨能力排名台灣第三，僅次於虎尾及屏東。蒜頭糖廠北臨牛稠溪、南隔八掌溪，同樣在這兩條河川間的糖廠還有南靖糖廠。

平原間四通八達的路線，除了在南北向與北港、大林、南靖糖廠相連，往西可抵東石海邊，往東則可抵嘉義車站。由嘉義經蒜頭往朴子的朴子線，客運業務早在1909年6月25日就通車，當

↓蒜頭糖廠最著名之路線，為東西向的朴子線，也是蒜頭車站的由來。往北跨過朴子溪為下楫子藔線，1910年通車時稱下楫仔藔線，目前已改建為單車道。往東南方之南靖線，糖廠設立時只能通往後潭，稱為後潭線，後來才延伸至南靖糖廠並成為營業線。目前的觀光列車是由糖廠出發，沿南靖線行駛至高鐵車站附近折返。

240

↑下揖子寮線朴子溪橋仍在使
用時的風貌。攝影／鄧志忠

↑↑蒜頭糖廠外的下揖子寮線
朴子溪橋,由於遭洪水沖毀,
改建為自行車道的景觀橋樑,
命名為六家佃長壽橋。攝影／
古庭維

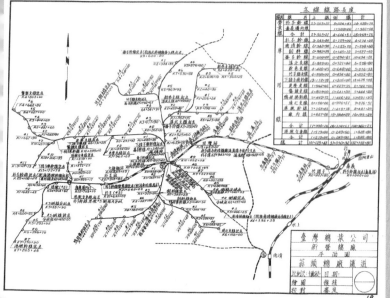

←1977年蒜頭糖廠路線分布
圖。典藏／鄧志忠

10c
241
揮別糖香的糖業鐵道／蒜頭糖廠

242

時稱樸仔腳線，僅次於最早的鹽水線。如今糖廠旁留下的木造蒜頭車站，便是朴子線的代表性遺跡。另一條往南靖糖廠的南靖線，亦有經營客運業務，終點在台鐵南靖車站（設站之初稱為水堀頭，即水上）。這條南靖線的前身稱為後潭線，在1913年就已開通，但是直到明治製糖會社將東洋製糖併吞之後，在1930年才將路線串聯至南靖開始載客。

　　由於優秀的製糖實力，即使進入21世紀之後，台灣的糖廠已所剩無幾，但蒜頭糖廠仍未有關廠的打算。可惜人算不如天算，2001年9月納莉颱風來襲，全台重創，嘉南平原發生罕見的全面性大水災，當時蒜頭糖廠淹水達兩百公分高造成機具損壞，竟然就此被迫關閉。

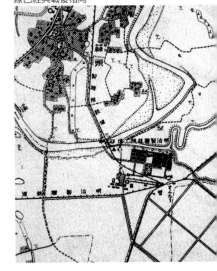

↓明治製糖株式會社蒜頭工場，戰後改為台糖第三區分公司蒜頭糖廠。在1927年的地圖中，「さんたう」即為蒜頭，相關路線已經與戰後相同。

←六家佃長壽橋，高聳的橋塔與糖廠煙囪遙遙相望，如今已成為蒜頭的新地標。攝影／古庭維

在這突如其來的改變之下，當年底沒有糖可以生產的老員工，便努力將廠區轉型成為「蒜頭蔗埕文化園區」，除了舊房舍作為展示空間，以及製糖工場導覽，並規劃開行繞園五分車。這個緊緊抓住糖廠主題的文化園區，終於在2002年開業，將九十年來的蔗埕歷史延續下去。

目前在園區內保存相當多的糖業鐵道文物，除了鐵道土木設施、少見的糖鐵臂木式號誌之外，在車輛上也相當豐富。其中將原來的巡道車加裝冷氣，可供遊客包租搭乘，稱為蒜糖號，更是園區一大賣點。另外，高齡八十多歲，原本由日本運回的德國Koppel製650號蒸汽機車，目前已遷至「樸仔腳火車頭公園」保存。

除了搭乘五分車至高鐵嘉義站附近，回到廠區後還可進入製糖工場參觀，了解製糖的過程，等於

↓蒜頭車站停滿了火車，最右邊的是已經搬離的650號蒸汽機車。攝影／古庭維

揮別糖香的糖業鐵道／蒜頭糖廠

←蒜頭車站木造站房,營業線
可通至嘉義、朴子以及南靖。
如今則成為觀光列車的乘車
處,火車會沿著原本的南靖線
行駛。攝影/古庭維

是完整體驗從原料運輸,到製作出一粒粒砂糖的步
驟。多年來蒜頭蔗埕文化園區頗受好評,就是因為謹
守糖業文化核心價值,因此能夠永續經營,這樣的經
驗相當值得其他產業遺址的景點參考。

↑650號蒸汽機車是1928年德國
Koppel製造出廠,後面附掛一
輛水箱車,是少見的大型糖鐵蒸
汽機車。由於造型奇特,退役後
在1973年被日本收藏家買去,
直到2003年才由日本鐵道迷伊
藤一己先生捐贈而回到台灣,落
腳蒜頭糖廠。攝影/古庭維

路線現況

　　蒜頭蔗埕文化園區的觀光五分車,是由蒜頭糖
廠特有塗裝的德馬A型機車牽引。由蒜頭車站開出之
後,沿廠區軌道由昔日東側的軌道閘門出廠,閘門旁
有一廢棄的磚造碉堡,戰爭時期糖廠成為攻擊目標的
氛圍可由此嗅出。過了平交道,五分車沿嘉58鄉道
往太保前進。路線邊保留的高台裝車場,正好成為解
說的活教材。約莫兩三公里後,抵達路線規劃的終
點,遠方可以見到高鐵路線及高鐵嘉義車站。繼續往
南的南靖線,在停止製糖後早已停駛,軌道荒廢,平
交道也鋪上柏油覆蓋。

↓全長達25公里的「朴子溪自
行車道」,係依原本的下揖子
寮線改建而成。此線原先有機
會復駛觀光列車,可抵達著名
的東石港口宮,然而最後並未
實現。攝影/古庭維

↑樸仔腳即朴子之舊稱，糖鐵客運線於1909年通車時，就稱為樸仔腳線。由於朴子車站已經拆除，地方政府重建為樸仔腳火車頭公園，並將蒜頭糖廠的650號蒸汽機車搬遷至此。當年由於相關單位「保證」會修復650號，伊藤先生才同意捐贈，如今復活之路遙遙無期，讓國內鐵道迷及文化人士同感汗顏。攝影／鄧志忠

近年在自行車風氣之下，又新增由下揖子寮線改建的「朴子溪自行車道」，全長達25公里。下揖子寮線是蒜頭糖廠最早開通的路線之一，在1909年就開始運輸甘蔗，戰後1952年曾一度試辦客運。廠外的朴子溪橋，原本是相當長的一座鐵橋，自行車道興建時特別在此改建景觀橋梁，稱為六家佃長壽橋，高聳的橋塔與糖廠煙囪遙遙相望，如今已成為蒜頭的新地標。

旅遊何處去

蒜頭蔗埕文化園區

1.搭乘台鐵至嘉義車站，轉搭嘉義縣營公車蒜頭線，在糖廠站下車，約35分鐘

2.國道1號水上交流道下，沿168縣道往朴子方向，約8公里後在祥和加油站右轉故宮大道，直行約12分鐘即可到達

順遊景點

笨港口港口宮

路線資料
大和製糖*二林線溪湖＝二林：1918年通車，軌距762mm
*路線通車當時大和製糖株式會社尚未成立，路線所有者為辜顯榮

蒸汽五分車原鄉

溪湖糖廠

歷史沿革

　　1919年（大正8年）10月，鹿港富商辜顯榮合併其私有的四所糖廍，於溪湖設立了大和製糖株式會社；1920年7月，又併入明治製糖株式會社，定名溪湖製糖所，成為明治製糖旗下眾多工場之一。戰後，溪湖製糖所改稱溪湖糖廠，隨著原本的明治製糖編入台糖第三區分公司。溪湖糖廠一直撐到21世紀，在2002年才結束製糖。

　　戰後的彰化縣境內，原本共有三座糖廠，由北而南分別是彰化、溪湖、溪州，各據一方，其中溪州糖廠的原料區面積全台第一；然而在1954年起彰化及溪州兩糖廠停壓，從此溪湖成為彰化境內唯一的糖廠。早期在糖鐵南北線暢通的年代，溪湖糖廠尚可與中南部其他糖廠互相往來，但是在1979年西螺大橋的鐵軌拆除之後，彰化縣境內的糖鐵就成了獨立系統，加上溪湖糖廠的內燃機

↓往南跨過舊濁水溪的路線，最早在糖廠設立前即通車，稱為二林線，後來南岸濁水站往王功的路線通車後，整段路線才改稱王功線。目前的觀光五分車就是由溪湖糖廠行駛至濁水旗站。鹿港線在溪湖至員林為三軌併用，此區間又稱為鹿港三線。

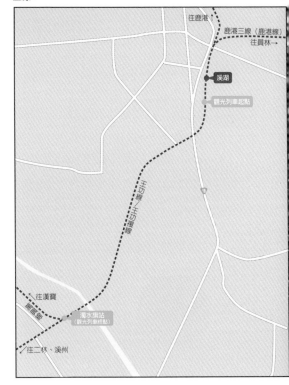

↑在文建會補助下，346號蒸汽機車重出江湖，而且是以燃煤的型態復駛，蒸汽五分車的原鄉終於有了新明星。攝影／鄧志忠

←通過濁水站的原料車得拿取通券才能繼續前進。攝影／鄧志忠

車，全數使用日立的紅色車頭，因此與其他糖廠的鐵道景象相當不同。

木造的溪湖車站位於製糖工場北側，為往鹿港、福興的鹿港線與連絡台鐵員林站的員林線分歧站。員林線採三軌併用的設計，糖廠運作時代常常可以看見1,067mm軌距的糖蜜罐車往來，因此糖廠也擁有較大型的日立牌機車。為了與762mm軌距的五分車區隔，一大一小的內燃機車被暱稱為大日立和小日立。往南的原料線則由廠區南門出廠區，這條路線稱為王功複線，是糖鐵少有的複線區間。

↑製糖時代的舊濁水溪橋，回廠的重車靠左行駛。攝影／鄧志忠

王功線在1924年通車，終點萬合，後來又延伸到芳苑的後寮附近。但是從糖廠到濁水旗站的部分，

↓1977年溪湖糖廠路線分布圖。典藏／鄧志忠

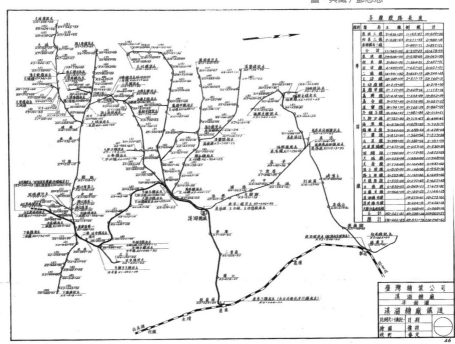

46

↑濁水站是相當重要的樞紐，由
此分出萬興線、萬和線、王功
線、牛稠子線，可通往彰化縣境
内的漢寶、王功、二林、埤頭…
等地。攝影／鄧志忠

其實在溪湖製糖所成立前的1918年就已經開通，屬
於溪湖到二林路線的一部分。由糖廠出發，跨越舊
濁水溪橋後即抵達濁水旗站，由此可再分出萬興
線、二林線、牛稠子線，可通往彰化縣境內的漢
寶、王功、二林、埤頭等地。在南北線時代，還可
以經埤頭、溪州一路南連嘉南平原的路線，溪湖車
站是彰化平原很重要的交通樞紐之一。

　　由於烏樹林糖廠五分車的成功，溪湖糖廠在停
止製糖後也規劃相關活動。所開行的觀光五分車，
於2002年6月16日開始運轉，起點在溪湖糖廠內，
終點就是糖廠西南方約3公里的濁水旗站，單程大約
20分鐘。較特別之處是廠方曾利用王功複線實施
「雙單線」行車，糖廠到濁水都有南北兩股路線，

↓溪湖糖廠的觀光五分車，所以使用之內燃機車皆為日立製，車身由彰化縣內各美術協會之大師聯合創作彩繪，展現其他五分車路線沒有的特色。攝影／古庭維

若假日遊客太多，需密集發車時，便可發揮複線的功用，也成為所有五分車觀光鐵道中唯一的「雙軌化」路線。不過，由於其中一股軌道在後來闢為自行車道的緣故，這樣「氣勢磅礡」的糖鐵景觀已不復見。

繼烏樹林駛出第一輛復活的糖鐵蒸機370號之後，溪湖糖廠在2007年12月也推出了復活的346號蒸機。值得一題的是，370號在整修後改以重油為燃料，然而346號卻是以燃煤的方式修復，並定期在例假日牽引觀光列車動態運轉，為台灣糖業鐵道文化保存注入一股新力量。

路線現況

古樸的木造溪湖車站，是溪湖糖廠相當重要的鐵道資產。然而由於老車站距離觀光五分車站有些距離，因此遊客不常親近，其實相當可惜。目前所

有糖鐵車站中，就屬溪湖、蒜頭與烏樹林三站的狀況最佳，這些地方也都成為觀光五分車的據點，巧合的是，這三座糖廠都曾隸屬於明治製糖株式會社。

　　列車從糖廠出發後，馬上行經廠區門口的平交道。此平交道相當特別，設有兩組柵欄，一組是當火車要來時，用以擋住台19線上過往行人與車輛，另一組則是火車沒有要通過時，擋住廠區鐵道的出入口。

　　經過平交道後隨即進入溪湖鎮的郊區，沿路是葡萄、稻米、玉米…等作物，在早期這些田可都是種

↑到溪湖糖廠體驗五分車，別忘了參觀製糖工場，更加了解我們吃到的砂糖，是如何由一根根甘蔗，藉由鐵道的運送，最後成為香甜的結晶。攝影／古庭維

植製糖用的甘蔗。中途經過名為「草埔」的停車站，之後則是舊濁水溪鋼樑橋，搭乘五分車經過鐵橋別有一番風味。過橋後即抵達終點濁水旗站。與烏樹林的新頂埤相同，車站一旁有許多攤販販賣冷飲、冰品，雖然是刻意規劃，但其實相當不搭調。若能將觀光路線延伸至大排沙農場，並介紹當年高台式原料轉運的過程，相信會更有教育意義，也能增加活動的深度。

旅遊何處去
溪湖糖廠
1.搭乘台鐵至員林站，轉搭彰化客運往溪湖
2.國道1號員林交流道下，沿148縣道往溪湖方向前，在溪湖左轉台19線，即可抵達

糖業鐵道發祥地
高雄糖廠

歷史沿革

台灣生產蔗糖淵源已久，但直到1900年（明治33年），才在台灣總督兒玉源太郎倡導下，由三井財團為中心的資本家主導，籌備台灣第一個採用「新式製糖」設備的台灣製糖株式會社。創立大會在當年12月於東京銀行集會所召開，推選鈴木藤三郎擔任社長。

設立於1901年的橋仔頭製糖所第一工場，是台灣史上第一座新式製糖工場，以現代化的流程及機

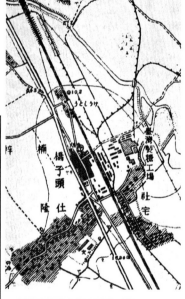

↓1928年橋子頭附近的地圖。台糖高雄廠的前身，即是位於橋子頭市區東方的「台灣製糖工場」，而這個市區正是因為糖廠的設置而繁榮。圖中可見到滾水、仁武、太爺等等到停壓前都在使用的原料線鐵道。

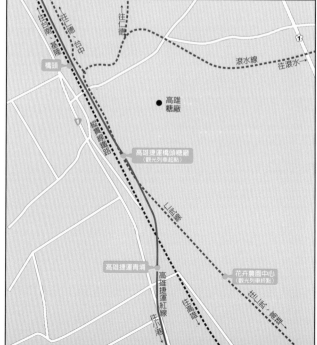

←高雄糖廠往北有太爺線、石案潭線及滾水線，往南則有仁武線。目前行駛的觀光列車，即是行駛在仁武線上，乘車地點與捷運紅線橋頭糖廠站共站，嶄新捷運與最老糖鐵路線的組合，更增添了鐵道文化之旅的趣味。

↑具有歷史價值的高雄糖廠倉庫，停工後原本規劃保留為藝術村，但很可惜地因高捷劃路線施工而拆除。嶄新的高架橋下，還殘留著糖廠的秤量所。
攝影／古庭維

←1977年高雄糖廠路線分布圖。典藏／鄧志忠

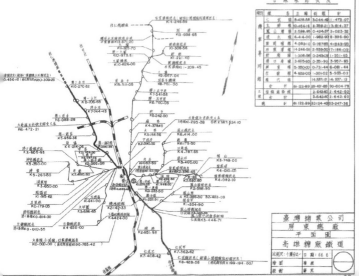

臺灣糖業公司
屏東總廠
平面圖
高雄糖廠鐵道
比例尺：十萬分之一　日期 66.6
繪圖　審核

←台灣製糖株式會社引進的美國Porter製馬鞍型蒸汽機車，是台灣糖鐵火車頭始祖。這張珍貴照片是在現在的糖業博物館自助紀念品店中「交換」而得（遊客在那裡可以用身上的物品換取自助紀念品店任何一樣東西）。典藏／鄧志忠

械化方式製糖，取代傳統「糖廍」，同時提高產量及品質，是台灣糖業的一大里程碑。戰後改稱橋子頭糖廠，納入台灣糖業第二區分公司的經營，此後又多次改變名稱。1952年（民國41年）6月更名為橋頭糖廠，1966年7月與小港糖廠合併後改稱為高雄糖廠，次年改制為總廠。然而1975年總廠又撤銷恢復為高雄糖廠，這個名稱一直到沿用至今日。1999年3月，在87/88年製糖期結束後，工場停壓，走入歷史。

　　高雄糖廠為現代糖業之始，其鐵道更為全台製糖鐵道之鼻祖。創建當時即修築原料線五條，包含了頂螺底、仁武、鳳山厝、滾水以及石案潭等路線；初期以獸力牽引輕便車，由於效率不足，在前往夏威夷考察之後，於1907年引進蒸汽機車，並在當年9月15日舉行列車試運轉，正式開啟台灣糖業鐵道歷史。在全盛時期，曾有包括太爺線、港口崙線、梓官線、左營線、仁武線、鳳山厝線、石案潭線、面前埔線、滾水線、新廍線等，共計93.2公里的總長度。

↑1999年初高雄糖廠最後製糖季，溪州牌機車與台鐵復興號相遇。如今這裡又多了高雄捷運的高架橋。攝影／鄧志忠

↓高雄糖廠停工後數年，終於在2006年成為「糖業博物館」，原本的內燃機車庫擺放著從四處調來的各型機車與各式糖鐵車輛，可說是全台灣最多樣的糖業鐵道展示區。攝影／鄧志忠

256

　　原料線中的太爺線與仁武線，在戰後分別與仁德糖廠及小港糖廠串連成南北平行線的一部份，而石案潭線則與仁德糖廠阿蓮線銜接，也成為預備線，並與仁德糖廠分運大崗山採石場的石灰石原料，當時每日每場各分運五車次。

　　太平洋戰爭期間，為了日本海軍艦機南進攻勢的續航力，日軍選擇在左營半屏山麓設置「海軍第六燃料廠」，此即後來的高雄煉油廠，負責岡山機場及左營海軍軍港用油。而建廠所需之材料搬運，就由橋仔頭製糖所的原料鐵道左營線延伸，當時為了躲避美軍偵察，行駛該線的軍需列車還均於夜間行駛。這條軍用的左營延長線，在戰後繼承這樣的聯運功能，透過南北平行線，來自玉井糖廠的中油油罐列車，也經由此線進入高雄煉油廠。

　　87/88製糖期筆者數次造訪這座全台第一座新式糖廠，那一年原料列車僅行駛滾水、岡山、石案潭與菁埔農場等四線，看著溪洲牌小火車穿梭忙碌的模樣，很難讓人想到這些景象即將消失，冬天過後高雄糖廠停工關廠，全台灣第一個糖業鐵道系統也隨之消逝。

揮別糖香的糖業鐵道／高雄糖廠

←高雄糖廠是最早舉辦五分車體驗活動的廠區,也是全台溪州牌機關車頭最後服勤的地方,可惜的是,圖中老邁的溪州牌還是退休了!取而代之的,是正值壯年的黃色德馬。攝影/鄧志忠

路線現況

　　2006年4月30日,在眾人的期盼下,首座以糖業工業遺址為主題的博物館,也是亞洲第一座糖業博物館,在高雄糖廠現地興建。在博物館落成之前,高雄糖廠一直以糖業文化園區保存著所有製糖設備與廠內文物,例如著名的巴洛克式建築、由日本渡海來台的黑銅觀音神像及磚造水塔等,都是糖廠內的代表物。藉由博物館的成立,延續了糖廠的生命,也延續了台灣糖業歷史與文化!

　　由於高雄捷運通車帶來便利的交通,蛻變後的高雄糖廠成為高雄地區民眾假日休閒最佳去處。為了鼓勵乘坐捷運來糖廠搭五分車遊園,高捷公司更和台糖共同推出「糖廠散步套票」,不但可以輕鬆搭捷運到橋頭百年糖廠尋古蹟、騎單車逍遙遊,還可以搭五分車、吃冰棒、逛老街嚐美食。鐵道文物方面,則有機關車庫、道班車、內燃機車、蒸汽機車。

↑傳說中橋仔頭製糖所在興建時相當不順利,當時的社長鈴木先生遂自日本奈良請回模仿唐風所打造的黑色觀音像,說也奇怪,從此廠區內諸事順利,是糖廠內的信仰中心。攝影/古庭維

↓高雄糖廠辦公廳舍採用巴洛克式風格,四週的熱帶植物南國風味十足,成為園區內最具代表性的建築。攝影/鄧志忠

↑原本停放原料車的鐵道站場，在糖業博物館成立後規劃為開放式車輛展示區，遊客可以近距離接觸這些可愛的五分車。但以文物保存來說，除非有周全的管理，否則對這些退休的小火車是另外一種傷害。攝影／古庭維

揮別糖香的糖業鐵道／高雄糖廠

　　捷運橋頭糖廠站的地面層，即是五分車的月台，捷運與糖鐵共站，加上兩者跨越百年時空的聯運票，組合成最趣味的鐵道之旅。運氣好的話，還能將高捷、糖鐵與台鐵三種列車一次入鏡。目前高雄糖廠的觀光五分車，行駛的正是全台糖業鐵道元老，建於1907年的仁武線。當時仁武線長約7公里，如今只能由捷運橋頭糖廠站出發，搭到花卉農園中心，剩下1公里餘，卻是這段百年鐵道的最後生機。

旅遊何處去
台灣糖業博物館及橋仔頭糖業藝術村
觀光五分車
全票80元、半票40元，假日每整點發車，平日接受預約，電話（07）6128473
高雄捷運糖廠散步套票
假日150元、平日100元
平日套票包含捷運一次票二張、五分車去回票、台糖冰棒一支、糖廠及花卉農園中心範圍內享有部分優惠折扣
假日票為平日票之內容，加上珍奇館門票一張及視覺迷宮門票一張

順遊景點
橋頭老街
橋頭車站

老驥伏櫪

鐵橋

新生命

11

橋樑及隧道的景觀，一向讓乘客印象深刻。相較於隧道的漆黑、無趣，當火車跨過橋樑時，河床開闊的視野和高高在上的視角，往往也是最令人期待的車窗風景。鐵道的開通，造成地方繁榮，而進入城鎮的大鐵橋，當然就是開啟發展的鑰匙；醒目的大鐵橋，除了代表鐵道工程的一大關卡，也是進入城鎮的玄關，成為讓人忘不了的地標建築，更是鄉愁的元素。

260

基隆市
台北市
桃園縣
台北縣
新竹市
新竹縣
宜蘭縣
苗栗縣
台中市
台中縣
彰化縣
南投縣
花蓮縣
B
雲林縣 ● C
D ●
嘉義市 嘉義縣
台南縣
台南市
高雄縣
台東縣
高雄市
屏東縣
● A

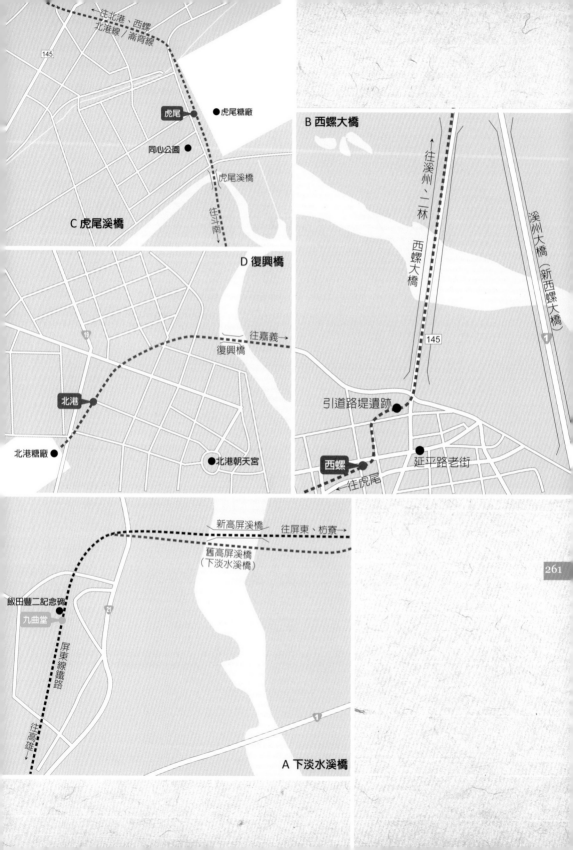

往北港、西螺
北港線／前背線

145

虎尾 ●虎尾糖廠

同心公園 ●

虎尾溪橋

C 虎尾溪橋

往斗南

B 西螺大橋

往溪州、二林

西螺大橋

溪州大橋（新西螺大橋）

145

1

19

往嘉義→

復興橋

D 復興橋

引道路堤遺跡

北港 ●

西螺 ● 延平路老街

北港糖廠 ●

●北港朝天宮

往虎尾

新高屏溪橋 往屏東、枋寮→

舊高屏溪橋
（下淡水溪橋）

261

飯田豐二記念碑 ●
九曲堂

21

屏東線鐵路

1

往高雄

A 下淡水溪橋

屏東玄關
下淡水溪橋

歷史沿革

「高高屏」是泛指高雄縣市及屏東縣地區的用詞，是個嚷嚷上口的用法，然而，僅一溪之隔的高雄與屏東，在一百年前並不能這麼輕易地往來，能夠發展成今日的型態，全靠1913年（大正2年）竣工的「下淡水溪橋」。

縱貫線雖然直到1908年才全通，但是屬於南線的打狗（高雄）到台南，其實早在1900年就已經通車。還等不及縱貫線完成，高雄與屏東間的交通需求已經浮上檯面，因此鐵道部便繼續興建鐵路，打算一路通至屏東、枋寮。縱貫線全通的前一年，鐵路已經通到九曲堂，距離屏東可說是咫尺之遙，然而河床寬廣的下淡水溪，成了這段鐵道非常大的瓶頸。

下淡水溪就是現在的高屏溪，不過高雄、屏東的地名都是日本時代中期才「發明」，因此高屏溪

262

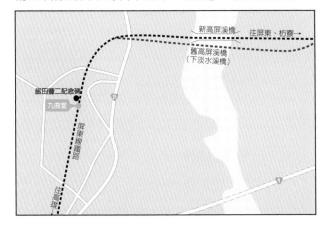

←下淡水溪橋位於屏東線九曲堂與六塊厝二站之間，完成於1913年，直到1987年才由新建的混凝土雙軌大橋取代而功成身退。

↓下淡水溪橋於1913年竣工，自此成為進入屏東的地標。由於鋼樑老舊，加上屏東線進行雙軌電氣化，新建混凝土大橋在1987年完成，老鐵橋從此退休走入歷史。原先「照例」要被拆除的鐵橋，在當地民眾和文史團體爭取下獲得保存，並且在1997年被列為國家二級古蹟，是相當有代表性的鐵道建設。攝影／古庭維

←下淡水溪橋的桁架，原先為普拉特式（Pratt），到了1964年才抽換成為現在的華倫式（Warren）桁架，兩者之差異可由照片資料觀察。

↑在鐵道部的下淡水溪橋尚未完
成之前,可以由九曲堂轉乘糖業
鐵道前往屏東。圖取自台灣製糖
株式會社史

的名稱其實相當晚近才出現。這個名稱的由來,來自
沿岸眾多聚落中的「下淡水社」,由於是清代縱貫道
的渡頭,所以成為最流通的稱法。

　　這條台灣第二大河川,上游是楠梓仙溪與荖濃
溪,皆發源於玉山山塊,距離長、支流多,是全台灣
流域面積最廣的河川,每逢豪雨過後湍急無比。常有
人道,一百年前的技術落後,因此這類工程相當困難
云云,事實上,在技術的運用並沒有想像中的不足,
畢竟許多世界知名的土木建設歷史也非常悠久。主要
的問題可能還是經費,尤其當時的高雄、屏東對日本
來說,可能只是個遙遠的熱帶南國,要花費如此鉅額
從事建設,其實是很大膽的投資。

　　雖然如此,下淡水溪橋的工程,還是在1911年
展開。主要的原因除了建設鐵路一貫的政治、軍事目
的,就是屏東糖廠的聯外交通需求。大鐵橋在通車之

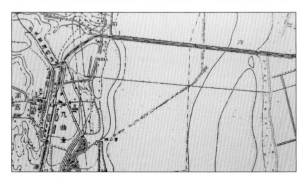

←1928年九曲堂及下淡水溪橋
一帶的地圖。當時的屏東線仍
稱為潮州線,在九曲堂站西側
還有輕便鐵道營業線的車站,
那是台灣製糖株式會社的旗尾
線,可通往旗山和美濃。在下
淡水溪橋通車之前,僅能搭乘
台糖會社的路線,經過木造便
橋前往屏東。

前,九曲堂到阿緱(今屏東)的糖業鐵道,已經先築好下淡水溪「便橋」,提供接駁轉乘的服務,但每逢雨季就得重建,耗費不少成本。終於到了1913年底,擁有24座下承式桁架花樑,總長達1,526公尺的下淡水溪橋終於竣工,當時號稱東洋第一大橋。隔年2月舉行通車典禮,從此官線鐵道推進至屏東,是西部幹線鐵道的一大進展。

當時這個工程是由總督府的飯田豐二技師負責,然而因為工程困難,豪雨天災不斷,結果因此積勞成疾,還來不及看到鐵橋完成,就在1913年6月病逝台南,得年40歲。他的好友小山三郎(也是重要的鐵道技師),於是集資在九曲堂車站旁立碑紀念,碑下則埋有飯田的墨寶。

戰後,由於鋼樑使用已久,加上氣候的因素,因此台鐵在1964年進行鋼樑抽換。台鐵的許多老鋼

↓鐵橋跨過高雄縣大樹鄉與屏東市,在高雄端的橋下已闢建為濕地公園。攝影/古庭維

老驥伏櫪鐵橋新生命/下淡水溪橋

↑遭洪水沖斷落橋的一座桁架，解體後打撈上岸，橫躺在濕地公園邊，供民眾憑弔，並藉此認識大自然的力量。攝影／古庭維

樑橋都在同時期進行抽換，例如山線的大甲溪和大安溪橋。所換上的花樑，為台鐵鋼樑廠自行製造，其外型與舊鋼樑看似相同，其實不盡然。日本時代使用的下承式花樑多為「普拉特式（Pratt）」，然而1960年代更新的鋼樑，則為戰後最流行的「華倫式（Warren）」，兩者的細部差異可在老照片中比對而知。

　　這座如同屏東玄關的大鐵橋，由於僅有單線，因此台鐵在1980年代重建了一座高屏溪橋。由鋼筋混凝土建成的嶄新大橋，在1987年通車，從此老鐵橋功成身退，原先「照例」要被拆除的鐵橋，在當地民眾和文史團體爭取下獲得保存，並且在1997年被列為國家二級古蹟，是相當有代表性的鐵道建設。

　　然而不幸的是，由於高屏溪盜採砂石嚴重，加上新橋緊臨舊橋上游而影響水流，經過十多年的沖刷，即使當年細心施作的花崗岩橋墩相當堅固，舊橋仍於2005年海棠颱風來襲時，被暴漲的溪水沖走3座橋墩及4座桁架。如何修復還來不及有所結論，2006年6月，暴漲的高屏溪再度沖走1座橋墩及2座桁架。這樣的斷橋景象，讓許多屏東人相當難過，但由於經費有限，後續的維修僅能維持現狀，要重現當年亞洲第一長橋的恢弘氣勢已不可能，相當遺憾。

↓飯田豐二紀念碑正面的特寫。日文中的紀念寫作記念，並非錯字，而是語言不同的差異。攝影／古庭維

↑下淡水溪鐵橋共有24座桁架，由鋼樑內觀看相當壯觀。可惜中段因水災已被沖毀總共6座桁架而無法連續。攝影／古庭維

路線現況

　　下淡水溪鐵橋在1997年指定為國家二級古蹟，是鐵道古蹟中少見的高層級，足以見得受重視的程度。鐵橋兩岸均已開發為公園，南端由屏東縣政府開發成河濱公園，鐵橋南岸設有「火車咖啡館」，北岸則開發為濕地公園，兩者皆已成為民眾休閒去處。

　　此外，高雄端的濕地公園中，則有一座因洪水沖垮後打撈上岸的鋼桁架，就近觀看巨大的鋼構，相當震撼，與矗立在橋墩上之景象完全不同。加上附近多種鳥類生態，是高雄縣大樹鄉新興的觀光景點。

旅遊何處去
國家二級古蹟「下淡水溪鐵橋」
下淡水溪鐵橋景觀區」火車咖啡館（屏東端）
1.開車由經1線往北，在高屏溪橋之前右轉。
高屏舊鐵橋（高雄端）
1.搭乘往佛光山的高雄客運班車，在高雄鐵橋或蓬萊新村站下車後步行前往
2.國道10號澄清湖交流道下，循186縣道至大樹，再接21號省道南行，依指標即可抵達。
飯田豐二記念碑
1.搭乘台鐵在九曲堂下車，出站後右轉步行2分鐘
2.國道10號澄清湖交流道下，循186縣道至大樹，再接21號省道南行，依指標可抵達九曲堂車站。

順遊景點
九曲堂泰芳商會鳳梨罐詰工場

遠東第一
西螺大橋

歷史沿革

日本時代的糖廠分屬不同製糖會社，彼此的鐵道網絡並未銜接。國府遷台後，除了計畫將島內糖業鐵道運輸整合外，更由於兩岸對峙局勢，為了確保台灣國防需要，規劃糖業鐵道的「南北平行預備線」，俗稱南北線。不但實現糖鐵大一統的願望，更能在非常時期接替縱貫鐵路的重責大任。

其實早在日本時代，大日本製糖株式會社藤山社長便曾經提出同樣的構想，不過一直遲至1953年（民國42年）才終於由國民政府實現。1950年8月，台糖公司奉命籌畫南北線鐵路事宜，最初決定由當時最北端的月眉糖廠大甲、后里兩站開始，南下抵南州糖廠，後來考量興建大甲溪永久橋耗費鉅款，而改由台中糖廠台中站設為起點，往南可達高雄籬子內或屏東糖廠。由於南北線具有國防戰備運輸用途，因此由國防部與台糖公司分攤維持經費。

↓歷經日、中、美接力興建的鐵公路共構西螺大橋於1952年底完工，長度接近兩千公尺，號稱遠東第一大橋。鐵道部分，北端由溪州糖廠田林線的溪墘厝站，修築5.5公里的「水尾延長線」通過橋面，再銜接虎尾糖廠原有的西螺線，至此糖鐵南北線也全線通車了。

↓西螺大橋有31座桁架，全長1939.03公尺，橋寬7.32公尺，號稱遠東第一大橋。攝影／古庭維

←由於鋼樑老舊，因此目前西螺大橋禁止大型車輛進入。不過上橋引道景觀紊亂，對一個著名且重要的古蹟來說相當可惜。攝影／古庭維

老驥伏櫪鐵橋新生命／西螺大橋

←由通車當時行政院長陳誠所題的「西螺大橋」。攝影／古庭維

　　南北線通車的關鍵點，正是跨過濁水溪下游的西螺大橋。早期為利通行濁水溪南北兩岸，西螺人士於1936年（昭和11年）成立「濁水溪人道橋架設期成同盟會」，向總督府陳情，之後於1937年10月動工建造，至1940年3月，三十二座橋墩、橋台完成，卻因珍珠港事變發生使得工程停頓。

　　戰後，前西螺街長廖重光及參議員李應鏜，一再向政府陳情，終於獲美國援助以1,100萬元購買鋼鐵材料，配合台灣省政府310百萬元配合款，南岸十五孔、北岸十六孔的架樑橋面及油漆工程，分別交由台灣機械公司及經濟部機械工程處承辦建造，大橋工程於1952年再度動工，同年12月25日這座歷經日、中、美接力興建的鐵公路共構大橋終於完工，長1939.03公尺、寬7.32公尺，號稱遠東第一大橋。

　　而在橋上鐵道的部分，乃為台灣糖業公司奉准修築南北線第一期工程展開後，虎尾總廠轄內西螺延長線工程的一部分。在省道西螺大橋未開工前，先行修築便道連通濁水溪南北岸交通，北端由溪州糖廠田林線的溪墘厝站，修築5.5公里的「水尾延長線」通過橋面，再銜接虎尾糖廠原有的西螺線。橋面工程開始後，原有便道才撤去，改建為永久軌。

　　西螺大橋通車典禮於1953年1月28日舉行，包括行政院長陳誠、省主席吳國楨、經濟部長張茲闓等人，美國駐華代辦公使、共同安全署、美軍顧問團團長以及各界名流、記者約500人均應邀參加。典禮當日，嶄新的汽油客車掛著中美雙方國旗，搭載嘉賓緩緩駛過長達近2公里的橋面，現場數萬名群眾圍觀，盛況空前。由於美國提供部分協助，該橋之落成是台灣建設的里程碑，也是早年所謂「中美合作」的代表成果之一。

↓在1945年的美軍地圖當中，可以看出西螺大橋的橋墩已經完成，但是桁架尚未裝上，圖上註明為「Uncompleted Bridge」（未完成橋樑）。據說當年原本要送來架橋的鋼料，後來轉運至海南島作為碼頭建材了。

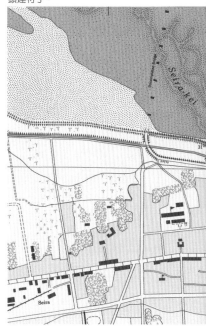

←其實南投是有火車可以搭的！日本時代的南投，可搭乘糖鐵抵達台中、濁水以及二水等地，這些路線後來成為南北線的一段。但是在八七水災發生後，南北線的起點就改至二水，不過南投到二水間的糖鐵仍繼續營業。典藏／黃偉嘉

　　西螺大橋竣工後，對台糖公司而言，濁水溪南北各廠原是隔岸相望，除了依賴省鐵縱貫線列車外，根本無法互通往來，隨著鐵公路共構的西螺大橋落成，使得兩岸的糖鐵系統得以聯貫。當時台糖公司轄下30座糖廠，除了月眉、埔里、花蓮、台東之外，其餘26廠的鐵道均可脈絡貫通，彼此銜接。西螺大橋是南北平行預備線最後聯貫的區間，南北線終於全面竣工，接著才進行全程試運轉，讓糖鐵列車從台中一路南下駛抵屏東，可是說台灣鐵道史上一大里程碑。

↓西螺大橋於1937年10月動工建造，至1940年3月，三十二座橋墩、橋台完成，卻因珍珠港事變發生使得工程停頓。戰後獲美國援助購買鋼鐵材料，大橋工程於1952年再度動工，同年12月25日終於完工。攝影／古庭維

老驥伏櫪鐵橋新生命／西螺大橋

←在西螺大橋的橋面下觀察，可以發現在西側的結構更為複雜，是為了加強鐵道部分之載重而特別設計。攝影／古庭維

不過，南北平行預備線全通才沒幾年，八七水災時烏溪橋遭沖毀，起點改至二水，後來又因縱貫線電氣化，在二水跨過台鐵的鐵橋必須改建，使得台糖乾脆放棄，將起點改至員林。至此，西螺大橋在鐵道的聯絡功能與需要已逐漸降低，加上發生數次腳踏車與機車行經橋面鐵軌打滑而發生事故命案，因此在1979年西螺大橋封橋半年整修橋面時，便順勢將鐵道拆除，西螺大橋成為純公路橋樑，橋面上慢吞吞的小火車則成了回憶。

路線現況

鐵道拆除後的西螺大橋，後來又於1985年進行油漆工程，將原本鐵灰色的桁架，換成了亮麗的紅色。然而由於南北往來交通量逐年增長，西螺大橋早已不堪負荷。1992年溪州大橋通車，老鐵橋終於功成身退。在沒有古蹟概念的年代，原本西螺大橋也將

↓西螺大橋的鐵道，是糖鐵南北線最後完成的路段。在大橋通車後，除了虎尾與溪州兩廠鐵路接軌，更使得當時台糖公司轄下30座糖廠，除了月眉、埔里、花蓮、台東之外，其餘26廠的鐵道均可脈絡貫通，彼此銜接。攝影／王双全，典藏／黃偉嘉

↑糖鐵列車駛過西螺大橋的畫面。典藏／林志明

↑在西螺大橋南端附近，田間的這一道長堤，其實是當年火車由西螺市區爬上鐵橋的引道。攝影／古庭維

走入拆除的命運，所幸四十多年來，西螺鎮民對大橋的情感，最終化解了可能的文化浩劫。

西螺大橋如今已經卸下「台1線濁水溪橋」這沉重的名號，而橋上令人回味的鐵軌則是早已拆除，但若到橋面之下，可以發現桁架的結構，靠西側的地方會有為了鋪設鐵軌而增加強度的鋼樑。此外，西螺端的糖鐵引道，路堤保存非常完整，只是軌道已撤去，僅存糖鐵特有的水泥枕木。或許這彎彎的引道遺跡，可以用來陳列糖鐵車輛，作為整個西螺大橋景觀的一部分，為這傳奇的大橋畫龍點睛。

旅遊何處去
西螺大橋
1.搭乘國光客運可抵西螺，或由台鐵斗六站搭乘員林客運往西螺班車。
2.西螺大橋目前為145縣道，可由國道1號的北斗或西螺交流道下。

順遊景點
西螺老街

11_C

路線資料
大日本製糖斗南線虎尾溪橋：1931年通車啓用，長250m，軌距
762/1,067mm

最老鐵橋
虎尾溪橋

歷史沿革

在日露戰爭結束的1905年（明治38年），日本在經濟上呈現戰後榮景，於是大日本製糖株式會社大舉投資，選定在他里霧（今斗南）西方不遠處的五間厝設立製糖工場，並在1907年動工興建。製糖工場在1909年開始生產，同年雖然發生投資過度以及糖價暴跌，大日本製糖會社在風雨飄搖之時，打算勾結國會議員，將公司收歸國有，結果東窗事發的「日糖事件」；但事件後製糖會社由藤山財團接手，糖廠步上軌道，依附糖廠為中心的聚落逐漸形成，曾經是偏僻農村的五間厝，在1920年改名虎尾，已是個擁有數萬人居住的大城鎮。

俗諺有云，「會過西螺溪，未過虎尾溪」。古代的虎尾溪是相當危險的溪流，除了土匪猖獗，在下游呈現破碎分支，甚至與濁水溪糾

↓虎尾糖廠是全台灣最後以鐵道運輸原料的糖廠，但原料線僅存糖廠西側的馬公厝線，跨過虎尾溪的斗南線早已停用。

往北港、西螺
北港線／崙背線

虎尾 ● 虎尾糖廠

同心公園 ●

虎尾溪橋

往斗南

↓虎尾溪橋的三段怪異鋼樑，第一孔鋼樑為雙華倫式構型，第二孔則為華倫式的半穿式桁架（pony truss），第三孔則為普拉特式的半穿式桁架。除了大小各不相同不同，其結構也與現在仍常見華倫式的穿式桁架（through truss）大異其趣。攝影／古庭維

←五間厝製糖所於1909年開始製糖，在工場尚未建起之前，跨過虎尾溪通往他里霧的路線就已經開通。第一代的虎尾溪橋約於1907年通車，是以木排架建成。

老驥伏櫪鐵橋新生命／虎尾溪橋

↑現在所見的虎尾溪橋是1931年所建，其實是以二手鋼樑拼湊而成。第一孔鋼樑原先用在新社溪橋（清代頭前溪下游的水流之一），而第二、三孔則是來自汐止保長坑溪和南港大坑溪，不過兩者如何對應已不可考。攝影／古庭維

纏不清；現在兩條溪流互不相犯，名稱明確，其實是20世紀初河川整治的成果。而虎尾地名的由來，很可能就是因為溪流動向不定，有如擺動的虎尾巴一般，因此得名。

虎尾製糖所的位置就在虎尾溪畔，而且要通往縱貫線的斗南站，非得過溪不可。這條路線就是「他里霧線」，也就是後來的斗南線，對虎尾糖廠來說，是最重要的聯外交通線，也早在1910年就開辦客運營業。

虎尾溪橋就在糖廠外，最早在製糖工場還未興建時便以木造橋形式登場，非常輕便。1910年虎尾貨物所通車，此處是鐵道部所轄的貨運站，這是為了從虎尾轉縱貫線的貨運業務龐大而設立，也代表此時的虎尾溪橋，已是能行駛1,067mm軌距大火車的三軌併用路線。戰後貨物所亦由台鐵接收，直到1999年才停用。

由於虎尾溪橋使用量大，木製結構實有不足之處，遂於1931年（昭和6年）進行改建，也就是如今

↓糖鐵虎尾站在1910年開辦客運，現存的車站建築則完成於1930年，車站在1955年因客運業務繁重，因而又遷移至貨物掛旁，這是糖鐵史上唯一一次的客運站擴建經驗。這棟建築物曾改為其他辦公室使用，後來經過十多年荒廢，在2009年底由雲林縣政府出資整修完成，以「虎尾驛」之名，肩負虎尾糖業鐵道歷史傳承之任務。攝影／古庭維

在虎尾糖廠外見到的大鐵橋。這座鐵橋的造型特出，令人印象深刻，尤其是虎尾端的三座鋼樑，造型各不相同，給人有種「拼裝」的感覺。這座有趣的橋樑，既以堅固大鋼樑展現糖都虎尾的不凡氣勢，卻又在拼裝風格透露了可愛的輕便精神。1954年，鐵橋南（西）側加建木板橋，以供往來行人使用。1959年八七水災，虎尾溪橋的南岸潰堤，之後虎尾糖廠配合河川整治，鐵橋南段加建187公尺，使得全長成為現在的437公尺，如今增建的路段仍可輕易分辨、區別。

糖鐵虎尾溪橋不但是當年虎尾總廠所轄往東鐵道路線的樞紐，更是南北平行預備線的重要橋樑之一，但是1998年斗南線停用後，為防止溪水暴漲從橋面溢出，於是兩端建起高大的堤防，因而擋住部分花樑。縣府曾有意規劃拆除鐵橋拓寬道路，以改

↑虎尾溪橋第二孔桁架上的製造銘板，其製造廠為英國的 WESTWOOD BAILLIE&CO。攝影／古庭維

↖由糖鐵內燃機車牽引的台鐵列車通過虎尾溪橋。車頭後方的黃色小車廂是「三軌連結車」，擁有兩種連結器，可使不同軌距的車輛相連。攝影／許乃懿

老驥伏櫪鐵橋新生命／虎尾溪橋

↑虎尾溪橋和虎尾糖廠都是虎尾的地標建築。攝影／古庭維

←虎尾貨物所在1910年就已經啓用，俗稱貨物掛，當時縱貫線的車輛已經可以駛進虎尾。貨物掛在1999年起停用，如今廣大的站場已被鋪上水泥覆蓋鐵軌，破敗的倉庫搖搖欲墜。攝影／古庭維

善附近環境及交通，好在經過地方人士陳情，縣府決定予以保留，並於2003年5月登錄為歷史建築，而早已破敗的人行步道也重修開放，命名為蕃薯庄板仔橋。不過，僅將虎尾溪橋登錄為歷史建築，似乎有所虧待。

　　這三座造型奇特的鋼樑，靠近虎尾端的第一孔鋼樑為雙華倫式構型，第二孔則為華倫式的半穿式桁架（pony truss），第三孔則為普拉特式的半穿式桁架。除了大小不同，其結構也與現在常見華倫式的穿式桁架（through truss）大異其趣。更令人驚奇的是，他們的年紀都比虎尾糖廠還要老！根據專家考證，這三座鋼樑最早運用於清代鐵道，是日後進行路線改良時的淘汰品，再由鐵道部轉賣給大日本製糖株式會社。第一孔鋼樑原先用在新社溪橋（清代頭前溪下游的水流之一），而第二、三孔則來自汐止保長坑溪和南港大坑溪，不過兩者如何對應已不可考，其中

↑由於糖業興盛，也使得虎尾市區逐漸擴張。1926年的虎尾，其街廓已有今日之雛形，圖中標示為「こび」（Kobi）之車站即為虎尾站，其南側不遠處就是虎尾溪橋。

↓1953年，鐵橋南（西）側加建木板橋，以供往來行人使用。但至1990年代時，木板橋已非常殘破，直到1999年才重新整建，命名為蕃薯庄板仔橋，以增加當地觀光資源。攝影／古庭維

↑陳列在虎尾同心公園的11號蒸汽機車，為1927年由日本若津工場製造，軌距1,067mm，專門運用於牽引虎尾斗南間的聯運列車。攝影／古庭維

第三孔鋼樑還曾經用在淡水線的基隆河橋。

　　無論如何，糖鐵虎尾溪橋的價值已獲相當重視，同時也是虎尾著名的觀光景點，或許有朝一日觀光列車也將重新駛過這座身世奇特的古董鐵橋。

路線現況

　　斗南線停駛後，已沒有列車往來於虎尾溪橋。目前鐵橋雖已被指定為歷史建築，但相關規劃附之闕如，環境髒亂不堪，未能發揮教育功能，鐵橋也日漸斑駁，僅有橋側的人行步道繼續發揮原本機能。

旅遊何處去
歷史建築「虎尾糖廠鐵橋」及虎尾驛
1.由台鐵斗南站可搭乘台西客運至虎尾。
2.駕車可由台78線快速道路，在虎尾交流道下

順遊景點
虎尾同心公園
雲林布袋戲館（虎尾郡役所）

糖鐵最長橋 復興橋

歷史沿革

台糖鐵路的長大橋樑，大多曾為它起個名字，例如北港糖廠所轄鐵道路線中，跨越北港溪的「復興橋」。這座全長880公尺的鐵道橋，扣除西螺大橋、高屏大橋等鐵公路併用的橋樑不計後，還曾經是台灣糖業鐵道中最長的一座。即使連台鐵的橋樑也列計，仍能擠身於前十名中。

北港溪橋最早於1911年（明治44年）修建，當時長220公尺，亦不算短，是北港糖廠往東的大幹線；除了是原料路線必經要道，也是辦理客運的嘉義線重要的橋樑。1943年（昭和18年），一列滿載乘客的列車過橋時，突然洪水暴漲，結果發生斷橋事件，整列客運列車墜入溪中，造成多人罹難，為糖鐵客運史上最慘重的意外事故。而二戰時期，北港糖廠與北港溪橋成為美軍空襲的重要目標，為了安全起見，曾暫停行駛，旅客在對岸堤防的臨時車站上下車。

↓跨過北港溪的復興橋，長880公尺，是糖業鐵道最長的專用橋樑。

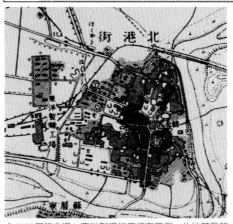

↑1927年的北港，東洋製糖的工場在西側，佔地甚至超過了整個市區。圖中有兩座車站，較靠近糖廠的是嘉義線的北港站，是東洋製糖的車站；其北側則是北港線的車站，通往虎尾，由大日本製糖經營。

↓由北港糖廠開往新營副產品加工廠的糖蜜罐車,正在通過北港溪鐵橋。左邊
兩孔下承式鋼鈑樑,是縱貫線淘汰的二手鋼樑,從右邊的糖鐵制式橋墩上則可
看出路線加高的痕跡。攝影/許乃懿

281

HOKKO

↑1945年,由美軍測繪的北港市區地圖,鐵路股道和糖廠建築分布描繪相當精細,果然成了轟炸的目標。

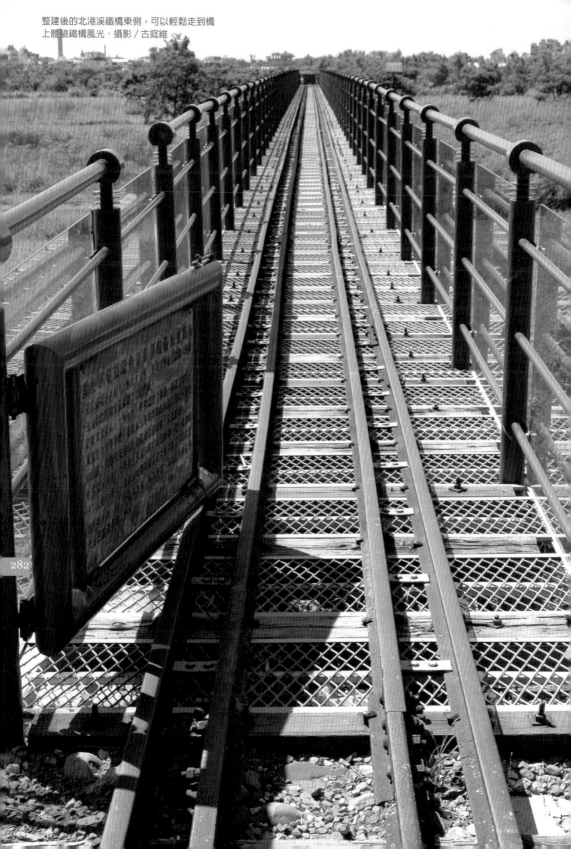
整建後的北港溪鐵橋東側，可以輕鬆走到橋上體驗鐵橋風光。攝影／古庭維

282

←北港溪復興橋在2001年公告成為雲林縣歷史建築，躲得過人禍卻難逃天災，接二連三的洪水侵襲，造成鐵橋的損毀愈來愈嚴重。攝影／古庭維

北港朝天宮盛名遠播，如今在鐵橋上即可遠望朝天宮媽祖神像。據當地人表示，二戰的某次空襲中，曾見一位白衣女子在空中接住落下的美軍炸彈，使得這座鐵路橋未被炸毀，眾人均咸信是媽祖顯靈保佑。這樣的鄉野奇譚，除了印證了北港信仰中心朝天宮的地位，也說明北港溪鐵橋與媽祖文化不能分割的關係。由於以奉天宮聞名的新港，也是這條嘉義線的中途大站，因此這條客運線被稱為「進香鐵道」，據說大拜拜時列車長還得到車頂查票。而嘉義線也是最後一條停駛的糖鐵客運線，如今嘉義到北港的公路客運，仍是全國屬一屬二的高密度，足以見得朝天宮和奉天宮所帶來的客源非常驚人。

1967年（民國56年）配合北港溪整治與堤防興建，於東岸修築河堤，使得北港溪橋橋身加高，從橋墩上便可見路線加高的痕跡；且又向東延長650公尺，完工後氣勢非凡，共有76座RC排架、74孔工字樑組合鋼樑、2孔下承式鋼鈑，全長達878.63公尺，還成為一座彎道橋樑。除了躍升為最長的糖鐵專用橋之外，彎曲的橋身也是台灣少見的鐵道建築。

然而，糖鐵終究不敵公路運輸的競爭，1982年（民國71年）最後的糖鐵客運列車停駛，北港溪橋

／↓北港車站曾經是最風光的糖鐵車站，全盛時期可搭五分車前往新港、嘉義、大林、虎尾、口湖等地，然而如今僅存斷垣殘壁。攝影／古庭維

老驥伏櫪鐵橋新生命／復興橋

僅剩下原料列車與往返南北線的廠際運輸列車。1998年北港糖廠終於完全停用了往東的鐵道路線，留下這座孤單的復興鐵橋矗立在北港溪中；而台糖亦無心保存，打算發包拆除，情況岌岌可危，幸賴地方文史工作者的請力保存而免遭拆除，且在2001年公告成為雲林縣歷史建築，使得復興鐵橋的保存出現一道曙光。只是躲得過人禍卻難逃天災，2002年北端數根橋墩遭洪水沖毀，雖然有關單位出資整建，到了2008年又慘遭辛勒克颱風的洪水侵襲，造成鐵橋中段被沖毀，再生之路可說遙遙無期，令人不勝欷噓。

路線現況

糖業鐵道北港溪復興橋已於2001年11月28日正式公告登錄為歷史建築，然而接二連三的洪水已將鐵橋中段摧毀，不過南北兩端緊鄰岸邊的橋體仍為完整。北端的鋼樑，據製造銘板為1899年出廠，依其形制應是由老縱貫線所拆下，轉賣給製糖會社的骨董鋼樑，但不知原本屬於哪座橋樑所用。

從北港出發，通過鐵橋之後即抵達板頭厝站，此處分歧出可聯繫蒜頭糖廠的崙子線，再往東的新港

↓新港車站是北港糖廠嘉義線的中途大站，目前改建為新港鐵道公園。由於新港奉天宮和北港朝天宮的鼎盛香火，也使得乘客絡繹不絕，是最後一條停駛的糖鐵客運線，有進香鐵道的稱號。攝影／古庭維

↑距離鐵橋不遠的板頭厝站，此處分歧出可聯繫蒜頭糖廠的崙子線，再往東則是新港站。近年鐵道文化意識高漲，原已拆除的板頭厝站，在2008年又依原貌重建，作為車站公園，盼望著五分車能夠再由北港緩緩駛來。攝影／古庭維

↑北港溪橋在1967年配合河川整治，因此向東延長650公尺，完工後共有76座RC排架、74孔工字樑組合鋼樑、2孔下承式鋼鈑，全長達878.63公尺，還成為一座彎道橋樑。攝影／古庭維

站與牛斗山站可聯繫大林糖廠與南靖糖廠。近年鐵道文化意識高漲，原已拆除的板頭厝站，最近又依原貌重建，作為車站公園。此外，據考證，復興橋現址正好是1750年（清乾隆15年）時期，舊名笨港溪，氾濫為南、北笨港之處，因此河床周圍還掩埋大量街道遺址，如今鐵橋周邊已是考古重地。復興橋東端目前已施作簡單的步道和觀景台的設施，除了能走上一小段的鐵橋，還能觀看遺址露頭，配合附近的板頭厝車站公園，相當值得一遊。

11D
285
老驥伏櫪鐵橋新生命／復興橋

旅遊何處去
歷史建築「北港溪舊鐵橋」
1.由台鐵嘉義站可搭乘往北港客運。
2.國道1號嘉義交流道下，沿159縣道往新港，再接164縣道可抵北港。依指標往板頭厝方向可遇嘉義線鐵道，延鐵道可抵達北港溪鐵橋。鐵道部花蓮港出張所（鐵道文化館）

順遊景點
北港朝天宮
板頭厝車站公園
新港鐵道公園
新港奉天宮

國家圖書館出版品預行編目資料

台灣舊鐵道散步地圖 / 古庭維‧鄧志忠著.--初版.
--台中市：晨星，2010. 8
面； 公分. -- (台灣地圖；030)
ISBN 978-986-177-401-5
1.火車旅行 2.台灣遊記

733.6   99011687

台灣地圖030
台灣舊鐵道散步地圖

作者	古庭維‧鄧志忠
主編	徐惠雅
校對	古庭維、鄧志忠、徐惠雅、黃偉嘉
美術編輯	張家銘、林恆如
封面設計	陳其煇

負責人	陳銘民
發行所	晨星出版有限公司
	台中市407工業區30路1號
	TEL：(04)23595820　FAX：(04)23550581
	E-mail：service@morningstar.com.tw
	http：//www.morningstar.com.tw
	行政院新聞局版台業字第2500號
法律顧問	甘龍強律師
承製	知己圖書股份有限公司　TEL：04-23581803
初版	西元2010年08月06日
	西元2014年02月19日　（初版四刷）

郵政劃撥	22326758（晨星出版有限公司）
讀者服務	(04)23595819 # 230
印刷	上好印刷股份有限公司

定價450元

（如有缺頁或破損，請寄回更換）
ISBN 978-986-177-401-5
Published by Morning Star Publishing Inc.
Printed in Taiwan
版權所有‧翻印必究

廣告回函
台灣中區郵政管理局
登記證第267號
免貼郵票

407
台中市工業區30路1號

晨星出版有限公司

請沿虛線摺下裝訂，謝謝！

更方便的購書方式：

(1) 網站：http://www.morningstar.com.tw
(2) 郵政劃撥　帳號：15060393
　　　　　　　戶名：知己圖書股份有限公司
　　請於通信欄中註明欲購買之書名及數量
(3) 電話訂購：如為大量團購可直接撥客服專線洽詢

◎ 如需詳細書目可上網查詢或來電索取。
◎ 客服專線：04-23595819#230　傳真：04-23597123
◎ 客戶信箱：service@morningstar.com.tw